ESSAI

SUR LES MOMIES.

ESSAI

SUR

Les Monnaies.

A Monsieur VILLEMAIN,

Pair de France, Ministre de l'Instruction publique.

PAR

J. F. A. PERROT, Antiquaire.

NIMES,

Veuve GUIBERT, Imprimeur de la Préfecture.

1844.

Le MUSÉE PERROT se compose des Collections suivantes :

Collection Egyptienne.

Momie et Caisse de la veuve d'Atéphinofré, Grand-Prêtre du Temple d'Amon-Ra, dont les peintures sont expliquées.

Plusieurs Momies, dont une dépouillée de ses bandelettes, Canopes, Idôles, Papyrus, Stèles et Amulettes.

Collection de 25 Vases Etrusques.

Collection Grecque.

LE BUSTE DE SAPHO en marbre. Ce buste magnifique est la plus belle pièce qui existe en Europe.

Armes, Casques, Ceintures, etc.

Collection d'Antiquités Romaines.

67 Statues, Bustes, Groupes et Bas-reliefs en marbre.

47 Beaux Vases en bronze, véritable batterie de cuisine. Cette collection est la plus riche d'Europe, après celle de Naples.

50 Statues ou figures en bronze.

100 Urnes ou lacrimatoires en verre.

200 Pièces de Poterie, Vases, Lampes en terre.

Médailles, Camées, Pierres gravées, etc.

Collection Moyen-âge.

14 Meubles sculptés.

1 Groupe de Paul Vérochio. La Vierge, l'Enfant Jésus et le petit Saint-Jean.

2 Verres gravés par Benvenuto-Cellini. Travail admirable et unique.

2 Vases émaillés, l'un d'Urbino et l'autre de Faenza.

Armes, etc.

LE MUSÉE PERROT est visible tous les jours.

Nimes, Place Maison-Carrée 12.

ESSAI SUR LES MOMIES.

A Monsieur Villemain,

En me chargeant de diriger les fouilles autour de nos monuments antiques, M. de Villiers-du-Terrage, préfet du Gard en 1820, aujourd'hui pair de France, transforma un simple sergent-major de l'empire, en un zélé archéologue. Il eût fallut en effet être dépourvu de toute intelligence, pour ne pas chercher à éclaircir quelques-uns des problêmes qui se rattachent à ces admirables restes Je me livrai donc à l'étude, et parfois mes efforts furent couronnés de succès. Le savant magistrat, que je viens de nommer, m'en témoigna sa satisfaction, et ses éloges redoublèrent mon ardeur. Je voulus approfondir l'histoire de nos monuments romains, et plus particulièrement celle de la Maison-Carrée, dont j'eus pendant vingt ans la surveillance (1). Plus tard, je fis divers voyages en Italie pour comparer ses antiquités aux nôtres, et je me mis ainsi en état de me former, sur ces dernières, une opinion plus éclairée.

Depuis long-temps occupé à collectionner les précieux débris trouvés non-seulement dans notre ville, mais dans le midi, autant pour en empêcher la dipersion, que pour les sauver d'une

---

(1) Après avoir été chargé pendant vingt ans de la surveillance de la Maison-Carrée, après tant de recherches scientifiques, et, nous pouvons le dire, tant de services rendus à l'archéologie, nous ne devions pas nous attendre à être révoqué. Nous espérions au contraire que, par respect pour la liberté des opinions, ceux que nous avions combattu seraient assez généreux pour nous accorder leur estime et leur protection : il en a été autrement.

Ce n'est pas par une brutale révocation qu'on prouve que ses arguments sont meilleurs, c'est par des faits ; ici, au contraire, on a commencé par me révoquer au lieu de me répondre, ou peut-être même parce qu'on n'avait rien à répondre.

Pourquoi vous a-t-on révoqué ? me disait un de mes amis. Allez le demander à M. A. Pelet, lui seul peut expliquer cette énigme, car il est membre de la commission du Musée, inspecteur des monuments historiques, marchand-fabricant d'édifices en liége, entrepositaire des tabacs et des poudres à feu, membre de l'académie du Gard, chevalier de la Légion-d'Honneur, etc. etc. Pour moi, je n'en sais rien ; je ne pense pas que M. le Maire,

destruction complète, je me flattais qu'un jour notre administration municipale, en en sentant le prix, voudrait en acquérir la propriété. Trompé dans mon attente, j'ai pris la résolution de former, moi-même, un Musée. Dans sa composition, et pour que les beaux arts y fussent représentés depuis leur origine jusqu'à l'époque la plus rapprochée de notre siècle, devaient nécessairement entrer les monuments égyptiens, comme appartenant à l'enfance de l'art; or, entre autres anciens objets nous venant de ce peuple, j'ai été assez heureux pour découvrir une des plus belles momies qui aient été apportées en Europe. La Caisse est richement décorée; l'artiste a pris soin d'encadrer, par une bandelette de plusieurs couleurs, chaque sujet, chaque tableau; point de confusion, une scène dans chaque cadre, rarement deux; et alors elles sont distinctes, la première en ordre devant nécessairement précéder l'autre dans l'explication.

Sans avoir aucune notion de l'étude des monuments de l'Egypte, bien moins encore de celle

---

qui résista pendant treize mois, le sache mieux, et si Messieurs de la commission gardent le silence, il faudra nous en rapporter à Esope : « *Si je dis mieux que mon maître, je serai battu.* » Peut-être qu'en lisant la dixième édition que nous allons publier de l'Histoire des Antiquités de la ville de Nimes, dans laquelle nous nous proposons de donner un recueil curieux de bien d'utopies, *vous connaîtrez alors la main qui m'a frappé !!!*

des hiéroglyphes qui sont ici partout, et désespéré de n'avoir rien à dire sur un aussi précieux sarcophage, j'essayais devant quelques amis d'expliquer l'analogie qui me paraissait exister entre les grandes figures des tableaux et les caractères hiéroglyfiques placés au-dessus, soit dans des petites bandes, soit dans des encadrements et quelquefois à côté, quand je fus frappé des rapports qui existaient entre les premières et ces derniers; ainsi, au-dessus de deux grandes figures d'hommes, l'une ayant le bec d'un Ibis et l'autre celui d'un Épervier, sont précisément placées les peintures de ces deux oiseaux. Cette remarque me suggéra l'idée que ces dernières devaient être la légende qui (comme dans ces tableaux du moyen-âge dont les figures portaient dans la bouche une banderole écrite pour les expliquer) devait aussi être l'explication des peintures au-dessus desquelles elle se trouve placée

Cela admis, je ne devais plus m'occuper des hiéroglyphes; je ne devais plus étudier que la pantomime, le jeu des figures, leur pose et leur geste. C'est ainsi que je parvins à expliquer les six premiers tableaux.

Je m'empressai de communiquer ma découverte à M. J. Reboul, notre poète, qui eut la bonté de m'en féliciter. Il faut en convenir, cette explication est si naturelle, elle se lie si bien à ce que nous connaissons de l'antique Egypte, de ses cérémonies funéraires et de son histoire; la suite des tableaux est si bien suivie, chaque représentation étant le complément de celle qui la précède, de manière à ne rien laisser à désirer, qu'il nous semble vraîment exister de suffisantes probabilités pour notre mode d'interprétation de ces peintures.

Un Membre distingué de la Société des Antiquaires de Normandie, me fit l'honneur de me dire que, par cette intéressante explication, je venais de décupler la valeur de ce précieux monument.

M. et Mme John-Murray (*Albemarle Street, Londres*), auteurs du *Hand-Book For Travellers in France* (*Guide du Voyageur en France*), s'expriment ainsi à ce sujet :

« Nous avons vu deux cents Momies; rarement nous avons donné plus de deux minutes à leur examen, n'y remarquant qu'une conservation qui a toujours lieu de surprendre, surtout pour des toiles si fragiles et des corps si faciles à se décomposer. Nous étions donc loin de nous attendre à ce qu'on pût donner une explication aussi intéressante que la vôtre, aux peintures qui ornent la Caisse de votre Momie, et dans lesquelles vous avez su trouver la mythologie égyptienne, source où il est évident que les Grecs ont puisé la leur. En un mot, c'est une histoire, et cette histoire a quatre mille ans. »

Plusieurs personnes des plus recommandables me prodiguèrent des encouragements, et toute incomplète que fût cette explication, je l'adressai à M. le Ministre de l'Instruction publique, en lui demandant les OEuvres de Champollion. M. Villemain me fit l'honneur de me répondre comme il suit, en mettant à ma disposition le Dictionnaire de ce savant égyptologue :

« PARIS, 31 août 1843. »

« MONSIEUR,

« Vous m'avez fait l'honneur de m'écrire pour » me prier de vous accorder la Grammaire et le » Dictionnaire de Champollion jeune.

» Le premier ouvrage ne se trouve plus au » dépôt des livres du Ministère de l'Instruction » publique; mais je me félicite, du moins de » pouvoir vous offrir le Dictionnaire que vous » m'annoncez devoir servir à compléter vos études » sur les inscriptions des Monuments anciens de » l'Egypte.

» J'ai lu, Monsieur, avec intérêt, la Notice » du Musée de Sculpture et d'Antiquités, que » vous avez fondé, et je vous remercie d'avoir » bien voulu me la communiquer.

» Recevez, Monsieur, l'assurance de ma consi- » dération distingnée.

» *Le Pair de France, Ministre de l'Instruc-* » *tion publique,*

» VILLEMAIN. »

Tant de bienveillance et d'encouragement ont dû nécessairement m'inspirer le désir de faire de nouvelles découvertes et mériter une aussi haute protection. Toutefois, je dois craindre de ne jamais atteindre le but, et qu'égyptologue d'un jour, mon œuvre demeure bien imparfaite.

Comme je l'ai déjà dit, ce ne sont pas les hiéroglyphes que j'ai expliqués ; ce sont des peintures, ce sont des tableaux qui m'ont paru être la représentation des scènes à la fois religieuses et historiques des croyances d'un peuple peu connu, auquel cependant on a tant emprunté, et qui ne sauraient manquer de frapper le lecteur par leur coïncidence avec la fable des Grecs.

J'ai reçu les premières livraisons du Dictionnaire de Champollion, que je dois aux bontés de M. le Ministre; mais comme la quatrième n'a pas paru encore, je n'ai pu me servir de cet ouvrage précieux pour étudier les hiéroglyphes de la Caisse de ma Momie, quoiqu'il soit facile, en lisant ma description, de reconnaître que j'y ai déjà puisé quelques notions et fait quelques remarques qui m'ont été d'une grande utilité

UN MOT

SUR LES MOMIES EN GÉNÉRAL.

Corps conservés sans préparations, Momies embaumées, opération de l'embaumement.

Le climat de l'Egypte est peut-être le plus propre à conserver les corps et à les momifier, si je puis employer ce terme ; et j'ai vu dans plusieurs relations, que des malheureux voyageurs, morts en route, avaient été retrouvés long-temps après par leurs compagnons, dans un état de conservation étonnante, desséchés seulement, leurs traits ayant conservé tous leurs caractères, et pouvant être parfaitement reconnus.

L'Abbé Maillet dit : qu'il a vu un cadavre, qui ne pesait pas plus de quatre livres, tant le terrain sec et nitreux l'avait desséché sans le corrompre ni le décomposer (1).

Dans d'autres conditions, sans doute, le même phénomène s'est opéré ; par exemple, les catacombes de St-Michel à Bordeaux, renferment plus de trente corps parfaitement conservés ; à Bergame, nous avons vu dans l'ancien couvent des Augustins, qu'on avait transformé en caserne, un corps placé dans une tombe en marbre, incrustée dans le mur ; c'était celui d'un médecin,

(1) Il faut supposer qu'il était mort depuis bien long-temps, ou que ce rapport est exagéré.

mort depuis un siècle, dont la peau semblait tannée et presque collée aux os, mais dans un état de conservation admirable, à tel point que le gardien du cimetière l'avait dressé dans une niche, comme une statue. Mais, comme le peuple criait au miracle, et en faisait un saint, que déjà on accourait pour le voir, chacun voulant y faire toucher un mouchoir ou autre chose, ce qui ne rappoitait pas mal au gardien du champ du repos, et à plusieurs industriels qui se servaient de longs roseaux pour y atteindre; l'autorité ordonna d'inhumer ce mort qui commençait à faire trop du bruit parmi les vivants, car les crieurs publics vendaient par les rues un imprimé contenant la vie de ce personnage, qu'un hasard rendait si inopinément célèbre (1).

(1) On a découvert depuis peu, dans l'ancien couvent des Carmélites, transformé nouvellement en caserne de gendarmerie à Perpignan, le corps d'une sœur supérieure de cette communauté, morte depuis cent soixante-six ans, dans un état de conservation si parfaite, que la peau est sensible au toucher, et cède à la pression; elle est couleur jaune de cire.

Les trois exemples que nous venons de citer diffèrent évidemment de cause : en Egypte la conservation serait attribuée à la grande sécheresse et à la qualité de la terre; à St-Michel, le caveau, nous le croyons du moins, doit être humide; je n'ai aucune connaissance des qualités de l'air atmosphérique, mais à coup sûr, le corps retrouvé en 1811, au couvent des Augustins, situé à la haute ville de Bergame, dans une salle vaste qui contenait quarante lits, dans une tombe saillante de la moitié de sa largeur sur le mur, ne présentait aucune des conditions ci-dessus.

L'on pourrait citer un grand nombre de faits semblables, pour prouver que les corps peuvent être conservés sans aucune préparation ; telles ne sont pas les Momies, et les Egyptiens avaient un trop grand respect pour leurs morts, pour attendre du hazard ce qu'ils pouvaient obtenir de leurs connaissances chimiques.

(1) L'usage de conserver les morts, date de

---

(1) M. Champollion-Figeac, explique comme moyen d'hygiène l'usage d'embaumer les morts dans un pays dont la chaleur est excessive. Le Nil en débordant, couvre les terres dans toute la largeur de la vallée de l'Egypte ; et, outre que ses eaux charrient une infinité de cadavres d'hommes et d'animaux, elles déterrent les corps déposés aux cimetières, et bientôt ceux-ci mis en putréfaction, causent ces pestes qui ravagent le monde, et dont le foyer est toujours l'Egypte.

Une longue expérience avait enseigné à ses prêtres les moyens de s'en préserver. Si l'on embaumait avec un grand luxe le corps des Princes, des Prêtres et des personnes riches, on ne négligeait pas celui des pauvres ; les premiers se faisaient construire des tombeaux somptueux, les derniers, quoique ne recevant qu'une préparation inférieure, étaient cependant assez embaumés pour ne pas se corrompre, et on les transportait dans la tombe commune, véritable catacombe où ils étaient empilés contre le mur, par couche et par lit, comme on arrange des pièces de bois dans un magasin; les têtes placées en dehors, portaient une inscription qui disait le nom de chaque individu.

Cette pratique était d'un grand intérêt pour les revenus du culte, car les embaumeurs faisaient partie du sacerdoce.

l'époque la plus reculée ; et sans doute l'idée, en vint de la conservation naturelle de quelques corps retrouvés ou dans des tombes, ou dans les sables, ainsi que nous l'avons dit. Quoiqu'il en soit, dès qu'une personne de bonne maison était morte, le corps était livré aux embaumeurs, qui le vidaient complètement, ayant soin d'embaumer les entrailles, le cœur et la cervelle, qu'ils plaçaient dans un vase ou urne nommé canope; cette urne, qui est toujours de marbre ou d'albâtre oriental, est décorée d'un cartouche, de signes ou de caractères hiéroglyphiques qui, le plus souvent, n'expriment qu'une prière, ou le nom de l'individu dont elle contient le cœur; elle est recouverte par une coiffure qui s'enchâsse, s'adapte au vase, et qui a la forme ou la figure d'un Orus, d'un Ibis ou d'un Anubis, selon la congrégation à laquelle le mort appartenait (1).

Vers le milieu du quatrième siècle, St-Antoine, qui prêchait dans ce pays, défendit, sous peine de damnation éternelle, d'embaumer les corps; ce qu'il appelait l'idolâtrie des morts, et les pestes, dont l'histoire de l'empire égyptien n'a jamais parlé, commencèrent depuis cette époque.

L'opinion du savant dont nous invoquons ici le témoignage, se trouve corroborée par la présence dans les tombeaux, de Momies de chats, de chiens, de crocodiles, d'ibis, etc. etc.

(1) Voir dans notre cabinet les nos 248 et 249.

Plusieurs savants ont pensé qu'une incision était faite au-dessous de l'oreille, par où l'on vidait le crâne. J'ai prouvé, par une expérience faite sur une Momie que je possédais en 1829, et que je répétai peu de temps après devant M. Darcet, qu'on avait dû percer l'etmoïde et le sphénoïde, et qu'ensuite on avait dû retirer la cervelle avec des crochets, ou bien qu'avec une sonde flexible et quelques liquides, on l'avait délayée et ensuite retirée avec une pompe aspirante.

L'on injectait le corps avec du Natrum (Natron), produit salin que l'on obtient par l'évaporation spontanée de l'eau de certains lacs de l'Egypte, ou avec des eaux de rose ou de jasmin. Enfin, l'intérieur du corps était rempli de baume de momie, espèce de résine qui découle de l'arbre qui porte ce nom, et qui est peut-être l'origine du nom donné aux Momies elles-mêmes.

Précédemment le corps avait été lavé extérieurement avec des eaux plus ou moins précieuses selon la fortune de la famille, et complètement nettoyé de toutes souillures.

Des bandelettes d'environ quatre pouces de largeur, d'une toile admirablement tissée avec de l'écorce d'arbre (du papyrus ou du bissus) et d'un grain parfaitement régulier, étaient saucées dans du baume de momie fondu et bouillant ; on commençait par envelopper chaque doigt séparément, ensuite les mains et les bras ; puis prenant les mêmes précautions pour les pieds et les jambes, les bandelettes se trouvaient interposées entre toutes les parties du corps, de manière à empêcher tout contact ; cinq ou six couches successivement imbibées recouvraient le tout ensemble. Ce baume ou cette résine, une fois refroidi, devait nécessairement empêcher l'air de pénétrer jusqu'aux chairs. Trente, et quelquefois cinquante tours de bandelettes gommées emmaillotaient le tout, et une toile plus fine encore couvrait, comme un suaire, toutes les bandelettes (1).

Le corps, ainsi préparé, était placé dans sa bière et laissé dans la chambre mortuaire ; alors les embaumeurs sortaient furtivement de la maison, car ordinairement ils étaient poursuivis à coups de pierres (2).

Cette préparation durait, dit-on, de soixante à soixante-dix jours. Le convoi funèbre avait lieu après ; il y avait exposition du corps, et l'on y

---

(1) Les recherches du savant Champollion nous ont prouvé tous les progrès que les arts et la fabrication avaient faits chez les peuples de l'Égypte, dès la plus haute antiquité. Tous les tissus leur étaient connus, et ils employaient dans la teinture des étoffes tous les procédés et toutes les matières colorantes connues de nos jours. La blancheur et la finesse de leurs tissus de lin étaient extraordinaires ; aussi servaient-ils généralement à vêtir les prêtres et les souverains. Tels ouvrages se composaient de fils tordus et formés de trois cents brins tous visibles, etc.

(2) Chateaubriand.

déployait, disent les ouvrages que j'ai consultés, un luxe inouï.

Nous ne prétendons nullement faire ici un cours pour démontrer les divers moyens employés par les Égyptiens pour embaumer les morts ; s'il nous a paru indispensable d'effleurer cette question pour donner une idée de cette opération aux lecteurs qui rarement se livrent à l'étude des ouvrages chimiques et pharmaceutiques, nous l'avons fait avec la plus grande brièveté, pour n'en pas dire plus qu'il ne fallait pour être compris.

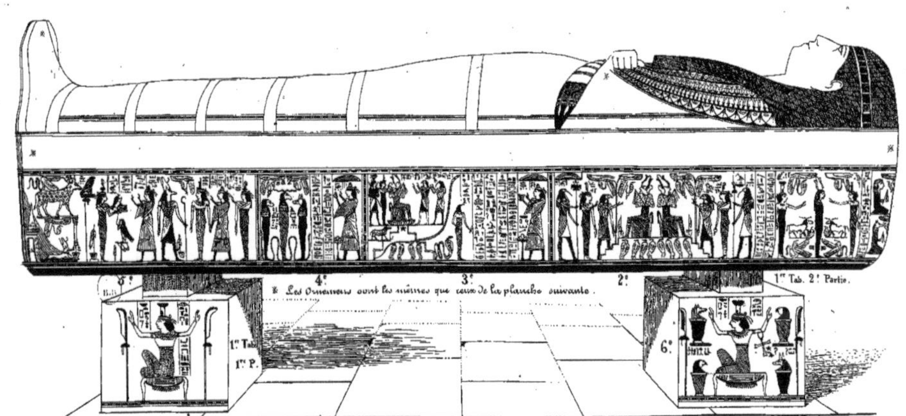

Momie du Musée PERROT, expliquée d'après les Peintures.

EXPLICATION DES PEINTURES.

Nous avons déjà dit que la Caisse qui contient le corps de la Momie, est décorée de peintures qui sont divisées en tableaux, au moyen de petites bordures de plusieurs couleurs qui les encadrent; nul doute que l'intention de l'artiste n'ait été de traiter une action, une scène, un sujet, dans chaque cadre; toutes les figures doivent y jouer un rôle qui doit compléter l'œuvre ou l'histoire qu'il a voulu représenter.

Cela admis, nous allons donner l'historique des nombreux tableaux qui décorent ce sarcophage, tel que nous l'avons interprété d'après la signification et la pantomime des figures.

PREMIER TABLEAU, PREMIÈRE PARTIE.

L'âme en peine invoquant la clémence divine.

Au sommet de la partie inférieure de la Caisse qui contient la Momie, nous voyons une femme prosternée, élevant les bras au ciel pour implorer la justice divine. C'est sans doute l'âme en peine de la défunte; des juges (ou des jurés seulement), armés de fléaux, semblent garder ce sanctuaire où figurent les symboles de l'Amenthi, l'œil aîlé, la croix ansée, l'épervier coiffé du disque, image de l'esprit céleste du dieu de la lumière, mais surtout les grandes palmes symbolisant la justice et la vertu, et qui sont ici placées sur des autels. On pourrait donc dire qu'elle invoque la justice et la vérité.

PREMIER TABLEAU, DEUXIÈME PARTIE.

Sacrifice aux dieux funèbres.

Ici commencent les cérémonies funèbres qui étaient en usage chez les peuples de l'Egypte. Comme chacun sait, les morts étaient jugés; immédiatement après le décès, une enquête avait lieu, et les parents devaient tenir infiniment à ce que la décision de l'aréopage fût des plus favorables : l'honneur de la famille entière y était intéressé. Dès-lors, pour se rendre les juges propices, on faisait intervenir les dieux funèbres, on leur consacrait des offrandes, et des sacrifices avaient lieu à cette occassion.

Parmi quelques figures symboliques, nous voyons deux servantes de la maison du défunt (1), qui viennent offrir deux boucs à une divinité funèbre, dont le caractère est indiqué par la présence des aspics aîlés (2) qui sont représentés sous la base de la statue du dieu.

---

(1) Le caractère de servitude est indiqué par un vase sur la tête. (Cariatide).

(2) L'aspic, dont la piqûre cause la mort instantanément, était regardé comme le symbole de la mort (Dupuy).

DEUXIEME TABLEAU.

L'aréopage; deux juges reçoivent la déposition des témoins. Là sera rédigé le certificat de bonnes vie et mœurs du mort, sans lequel il ne pourrait obtenir les honneurs funèbres et une place dans les Champs-Elysées.

Un aréopage est réuni; il se compose de deux magistrats qui siègent; ils sont armés chacun d'un fléau pour punir, et d'un bâton pastoral pour absoudre, symbole de la rigueur unie à la clémence.

Six Génies, ayant divers attributs et portant des masques différents, semblent prêter serment et attester que le mort a tenu pendant sa vie, une conduite irréprochable. Les yeux de la justice divine sont ouverts sur son passé. Là doit être rédigée l'histoire de sa vie et de ses actions : certificat sans lequel elle ne pourrait obtenir une place honorable aux Champs-Elysées (1).

---

(1) Les figures ou les masques des génies qui, comme des témoins, viennent déposer ici, nous suggèrent une réflexion.

Ces témoins pourraient être les personnes les plus notables de la rue, du quartier où est mort l'individu; en un mot, ceux qui mieux que tous autres peuvent donner des renseignements exacts sur la vie du défunt; observant toutefois si le mort appartient à une famille élevée, ce ne sont plus de simples particuliers qui viennent joindre leurs témoignages et leurs lumières à ceux

TROISIÈME TABLEAU.

La défunte présente son certificat et son histoire écrite dans le cartouche d'hiéroglyphes qui la précède, au juge ou commissaire directeur des cimetières, afin d'en obtenir l'entrée du champ du repos. Deux génies plaident sa cause devant ce magistrat.

Ici commence pour nous une série de faits plus intéressants : Voici une femme, un bandeau et une petite couronne sur la tête, petit tablier, manches larges et courtes ; juppes jusqu'à mi-jambes (1) ; toute cette toilette est d'une étoffe

---

des juges de cet aréopage. Ce sont les grands dignitaires de l'état ; en effet, outre qu'ils tiennent en leurs mains les signes qui caractérisent l'autorité, leur figure est celle des chefs de congrégations, telles que celle d'Ibis, de Thméi, la justice et la vérité, d'Osiris, d'Isis ou Io, etc., et l'on sait que l'Egypte était toute congréganiste.

Ainsi, sous l'empire, le seul ordre un peu important en France, était la Franc-maçonnerie, et le chef du grand-Orient, était Cambacérès. En admettant que le pays eût été divisé en plusieurs ordres, comme était l'Egypte, un artiste qui eût voulu en désigner les chefs par les attributs, eût été obligé de donner à celui-ci une équerre et un compas.

(1) En décrivant le costume des Égyptiens, M. Champollion dit : « Les femmes portaient, avec la tunique, d'amples vêtements en *lin* ou en *coton*, de couleur blanche unie ou rayée ; leur chevelure était artistement soignée ; leur tête, leurs oreilles et leurs mains étaient ornées de bandeaux, de boucles et d'anneaux.

fond blanc rayée de rouge. Un beau collier entoure son cou ; des bracelets en émail ornent ses bras ; elle tient en main un vase dans lequel elle présente le feu sacré dont elle a été animée pour la religion et le bien public, emblême de son zèle, de son admiration et de son respect pour les choses saintes ; un dais recouvre sa tête (1).

Devant elle, est un grand tableau ou cartouche de hiéroglyphes ; nul doute, c'est son histoire, c'est le certificat rédigé par l'aréopage qui précède ; en un mot, c'est le résultat de l'enquête qui sera pour elle la plus puissante recommandation, sans laquelle elle ne pourrait obtenir une place honorable aux Champs-Elysées.

---

(1) Tout en nous félicitant d'une découverte aussi intéressante, M. Lenormand nous dit : « Ce que vous prenez pour une femme, M. Perrot, est un homme : les » premières sont toujours représentées par la couleur » *blanche*, et cette figure-ci est brun-rouge. »

Or, nous nous permettrons de faire observer qu'outre que cette figure, qui porte tout le costume d'une femme, n'a pas la barbe qui caractérise toujours le sexe masculin; Champollion, dans son Dictionnaire des hiéroglyphes, page 39, semble avoir décidé cette question en notre faveur. On lit dans une note :

« Règle générale, l'appendice au menton, dans les » figures indiquant la barbe, caractérise les figures » d'hommes. »

Champollion-Figeac, pag. 317, dit : « Les monuments » ont prouvé que la mère d'Aménophis III, femme de » Thouthmosis IV, nommée Tmou-Hemva, était noire » et originaire d'Abyssinie. (Égypte ancienne, 1839.) »

(Voir la note après l'explication du XIme tableau.)

Cette femme, qui est ici représentée, c'est celle qui est couchée sous vos yeux, sous ces toiles antiques qui la couvrent encore comme au jour où elle fut déposée dans ce riche cercueil, qu'une main habile a si bien décore ; et sur lequel il a représenté l'histoire de son pays, ses rites, sa religion, ses cérémonies funèbres et ses croyances, jusqu'à ce jour si peu connues : cercueil confié peut-être à l'une de ces gigantesques Pyramides non loin de Thèbes, archives d'un passé si éloigné de nous et qui prirent soin de conserver ce précieux dépôt pour nous le montrer après quarante siècles !

A l'extrémité du même tableau, nous voyons l'intendant des sépultures qui siégeait de l'autre côté du lac Mœris; commissaire chargé d'inscrire les morts dont il tenait registre, ainsi que les certificats qui lui étaient remis; ayant de plus la direction des cimetières. Il a tous les caractères d'un juge ; comme lui, il est armé du fléau et du bâton pastoral, et coiffé de la mître comme ceux du tableau précédent ; il est assis sur un siége élevé, au pied duquel sont plusieurs aspics, symboles de la mort (1).

---

(1) Le siége sur lequel est placé ce juge, est élevé sur *quatre* marches ou gradins, comme celui des deux juges précédents ; mais dans l'Amenthi (IXe tableau), le dieu Orus est placé sur une estrade élevée de cinq marches.

Nous espérons que cette note sera de quelque utilité à M. Passalaqua, directeur du Musée égyptien, pour l'ouvrage qu'il publie en ce moment à Berlin, sur cette question importante.

Deux Génies, sous les figures d'Ibis et d'Osiris, plaident la cause de la suppliante, et viennent encore ajouter leurs éloges au contenu du certificat; derrière le juge, sont placés deux autres Génies qui, comme deux serviteurs, attendent ses ordres; l'un, sous la figure d'Isis, ou le bon, qui doit conduire les justes aux Champs-Elysées; l'autre, dont le nom nous est inconnu, doit être le mauvais, chargé de jeter les corps des méchants dans la fosse commune, où même aux Gémonies où la terre leur est refusée (1).

---

(1) Nous croyons devoir rendre compte d'une observation qui nous a été faite par un visiteur, au sujet de cette explication: « Ou les scènes que vous expliquez, » me disait-on, sont de pures fictions, ou elles sont la » représentation de ce qui se passait lors de la sépulture » d'un grand personnage; dans ce dernier cas, il ne peut » y avoir auprès d'un commissaire qui a des fonctions » toutes terrestres, un bon et un mauvais Génies, ce » qui supposerait un envoyé du ciel et un esprit infernal. »

L'homme est toujours porté par la reconnaissance à donner le titre de bon à celui qui lui fait, ou, qui par son essence peut lui faire du bien, et de mauvais à celui dont il a ce principe en horreur, et qui doit être porté à lui faire du mal. Combien de personnes aujourd'hui frémissent à l'aspect d'un corbillard, des croques-morts à plus forte raison à celui d'un exécuteur des hautes-œuvres.

Ici, nous voyons sous les traits gracieux et doux, d'Isis, le Génie qui fait ouvrir les portes des Champs-Elysées; c'est lui qui conduira notre héroïne à travers ce dédale chanté par le Dante; non-seulement il lui servira de guide, il transmettra les ordres du juge aux gardiens

QUATRIÈME TABLEAU.

Ayant obtenu un ordre d'admission, elle traverse le passage gardé par les trois chiens (Cerbère) auxquels elle donne le gâteau pétri de miel.

Ici nous retrouvons la même personne que nous avons décrite dans le tableau précédent ; elle tient dans la main un pain (le gâteau pétri de miel), elle le montre en le désignant avec la main gauche. Deux colonnes de caractères hiéroglyphiques sont placées devant elle, et doivent contenir l'ordre de son admission aux Champs-Elysées.

Trois monstres occupent le reste du tableau : l'un a la tête d'un chien-loup , l'autre celle du

---

de chaque cercle , pour la laisser circuler jusques aux pieds d'Apis, il lui ouvrira toutes les portes, ira chercher la barque pour franchir un fleuve dangereux, enfin, se transportant près de l'être suprême, il intercédera encore pour elle dans le ciel. En un mot, c'est son bon ange.

L'autre, presque nu, tenant deux bâtons de porteurs en main, a tous les attributs qui peuvent repousser; il semble prêt à s'emparer du corps pour le jetter aux Gémonies.

On comprendra qu'un peuple qui plaçait tous les êtres au rang des bons et des mauvais Génies, qui avait de la vénération pour le chat, le serpent, la grue, le hibou, l'épervier, le crocodile, l'hippopotame, etc., ait mis au rang des bons Génies; l'homme préposé à des fonctions éminemment bienfaisantes, et au rang des mauvais, celui dont les fonct ons lui sont si redoutables.

boule-dogue ; le troisième , placé au centre , ressemble à un bélier ayant deux longues cornes en forme de serpens (1) ; leurs corps, terminés en gaîne, ont la forme humaine; un serpent formant plusieurs anneaux , les encadre par le dévéloppement de ses replis.

Ces trois figures allégoriques nous ont paru être la représentation des trois chiens qui ont donné lieu à la fiction du Cerbère à trois têtes, gardien des enfers.

Qu'il nous soit permis de faire ici une remarque pour justifier , s'il se peut, les trois chiens ou Cerbère , leur fonction et leur indispensable utilité.

Nous savons que les Egyptiens exposaient leurs morts avec un luxe inouï , ornés de bracelets , colliers, pierreries, bijoux, riches étoffes, etc. (2) Les voleurs , attirés par la richesse de telles dépouilles , dûrent violer les tombeaux pour se les approprier , et les cadavres pouvaient devenir la proie des vautours ou des corbeaux.

C'est sans doute pour empêcher une telle violation , que trois chiens, ou peut-être trois fidèles

---

(1) Dupuy donne à Cerbère des serpents en guise de cornes.

(2) Ce que nous disons ici, est justifié , non-seulement par les mémoires de l'Abbé Maillet, mais encore par les objets précieux trouvés sur les Momies dépouillées, à Paris, et dans plusieurs autres Musées d'Europe.

gardiens, assimilés à des chiens pour exprimer la surveillance rigoureuse qu'ils exerçaient sur le champ des morts, confié à leur garde, furent placés en ces lieux. Deux yeux ailés, symbole de la vigilance, sont au-dessus.

Tous les poètes nous ont dit que les Champs-Elysées étaient gardés par un chien à trois têtes, Cerbère ; les auteurs grecs ont été les premiers, et à leur exemple les Romains; c'est aussi le nom donné à une constellation. Si les Grecs, grands amateurs du merveilleux, se sont permis de faire un seul animal des trois chiens qui gardaient les enfers, ils ont du moins consacré le nombre *trois*, en donnant trois têtes à leur Cerbère, mais ce qui doit surtout ici frapper le lecteur, c'est ce pain ou ce gâteau pétri de miel, que tous ceux qui devaient entrer étaient obligés de lui offrir. Il sera facile de reçonnaître que cette fiction a été empruntée par les Grecs et les Romains, à l'usage des Égyptiens, consigné dans notre peinture. (1).

---

(1) M. Prost, de Lyon, qui a visité notre Musée, nous a assuré que plusieurs cimetières étaient gardés par des chiens, et qu'il y en avait trois de la plus belle taille à celui de Strasbourg.

CINQUIÈME TABLEAU.

La justice et la vérité sous la figure d'une gardienne des Champs-Elysées lui ouvre la porte ; le bon génie conduit la défunte par la main, il ordonne à Anubis, gardien des cercles, de la laisser passer. Elle s'adresse à Io ou Isis, pour être présentée au bœuf Apis, figure allégorique de l'être suprême adoré par les Égyptiens.

La première personne qui se présente ici, c'est la portière des Champs-Elysées ; elle tient d'une main la clef, *To* ou *Tou* (1), qu'on dit être un emblême des clefs du Nil ; elle vient d'ouvrir à notre héroïne, et le geste de sa main gauche semble exprimer qu'elle l'accompagne de ses vœux.

Les anciens, comme les modernes, ont divisé les champs du repos en plusieurs cercles ou sections (2). Comme le Dante, elle a trouvé un guide dans le bon génie dont nous avons déjà

---

(1) La Croix ansée, dit Champollion, est l'emblême de la vie céleste.

(2) Virgile, le Dante, Fénélon, divisent les Champs-Élysées en plusieurs cercles ou sections : les pasteurs, les poétes, les guerriers, les prêtres, les princes et les rois.

N'avons-nous pas aujourd'hui les sépultures royales, et dans nos cimetières, une partie destinée aux riches et l'autre aux panvres.

parlé dans l'explication du troisième tableau. Isis, la prenant par la main, se charge de guider ses pas, de la conduire et de la protéger à travers ce dédale ; bientôt elles sont arrêtées par l'un des gardiens des cercles.

Anubis, l'une des Idoles de l'Égypte placée au rang des demi-dieux, dont la figure était postée aux portes des Temples pour en être le gardien, sous la forme du chien levrier ce qui caractérise ses fonctions, joue ici le rôle de gardien des cercles ; il a pour coiffure une espèce de mître; dans la main gauche, il tient un bâton recourbé en forme de crosse, et dans la droite, la clef ; son tablier, à demi retroussé, indique la servitude ; il semble, en portant son bâton en avant, arrêter nos voyageuses.

Isis lui adresse la parole, et sans doute lui signifie l'ordre d'admettre sa protégée, car nous la voyons de l'autre côté d'Anubis, qui l'a laissée passer, invoquant la protection d'Io, pour être présentée au bœuf Apis. Cette déesse vient au-devant d'elle, tenant d'une main un plateau sur lequel on remarque un pain et des fruits, de l'autre elle tient une amphore, de l'ouverture de laquelle découle un liquide, qu'un épervier placé au-dessous, recueille, et boit avec avidité (1).

(1) Pour expliquer cette dernière phrase, il faut dire que cet épervier, symbolisant l'âme de la Momie, a deux bras humains.

« Cet épervier, dit M. Lenormand, est la repré-
» sentation de l'âme de la défunte, qui s'est sépa-
» rée du corps ; devant lui est le vase contenant
» le feu sacré. »

En adoptant cette idée, nous ajouterons que l'eau que la déesse Io lui verse, doit être celle du Léthé, pour indiquer que par sa purification l'âme doit oublier les choses terrestres. Il n'est pas jusqu'à cette fiction qui n'ait été rappelée par les Grecs, en parlant du fleuve qui porte ce nom, et dans lequel les âmes des élus se plongeaint pour se purifier.

Apis, ce célèbre bœuf moucheté (1), adoré

(1) Cent temples, tous plus superbes les uns que les autres, consacrés à différentes divinités, contribuaient à l'embellissement de la ville de Memphis; ses places étaient ornées de statues colossales de dieux et de sphinx, qui, déjà du temps de Strabon, étaient recouverts de sables. Ce luxe attirait dans cette capitale un grand nombre de pélerins qui, venus de toutes les parties de l'Egypte, contribuaient à l'enrichir. Mais le temple le plus riche était celui du bœuf Apis.

Ce dieu, pour lequel les Egyptiens avaient une si grande vénération, devait être noir et moucheté de blanc. Il était entretenu dans ce fameux temple, espèce de labyrinthe, si vanté par les auteurs, mais aujourd'hui complétement détruit; de telle sorte que toutes les descriptions qui en ont été données, nous paraissent bien hasardées. Quoiqu'il en soit, on prétend qu'il se composait de douze cours, dans chacune desquelles était bâti un palais en marbre de la plus grande magnificence. L'abbé Maillet,

par les Egyptiens, est placé sur un piédestal; il porte sur sa tête le disque; l'aspic ailé est placé au-dessus, tout près est l'épervier, symbole de l'esprit céleste.

---

pense qu'autant de rois avaient fait construire ces palais successivement, pour leur servir de sépulture. Il serait possible que ce fût là le motif de la fiction du minotaure. Des voûtes très-longues conduisaient dans ces palais; et dans ce dédale de chemins croisés et coupés en tous sens, des gardiens féroces pouvaient facilement immoler l'imprudent visiteur qui avait violé la sainteté de ces lieux, pour en découvrir les mystères.

Comme tous les soins et toutes les jongleries des Prêtres n'auraient pu rendre le dieu Apis immortel, dès qu'il en mourait un, et que le temple était veuf de son Idole, l'Egypte entière prenait le deuil, des prières publiques étaient adressées au ciel, les offrandes étaient portées au temple d'Apis, des sacrifices étaient offerts dans tous les temples, les œuvres pieuses remplaçaient le travail, en un mot l'affliction était générale.

Cependant des émissaires envoyés par les Prêtres, parcouraient l'Egypte pour trouver un nouveau dieu, ou pour mieux dire un bœuf qui eût les qualités requises, mais surtout il fallait qu'il fût jeune. On l'amenait secrètement au temple, ainsi que la vache qui l'avait porté.

Alors les cérémonies changaient d'objet: c'étaient des actions de grâces, et toujours de nouvelles offrandes au ciel pour le remercier d'avoir exaucé les vœux des fideles. La renommée proclamait ce miracle, et des peuples accourus de toutes les provinces de l'empire, venaient pour être admis à voir la nouvelle divinité; solennité dont le jour avait été indiqué et proclamé dans toutes les villes de l'Egypte. De toutes parts l'on recevait des présents considérables, de telle sorte qu'on pourrait dire

Plus bas nous voyons la porte du tombeau où notre héroïne doit être déposée; un chien Anubis en garde l'entrée ; l'œil et l'aspic veillent en ce lieu.

Nous venons de voir qu'elle aborde le bœuf Apis, adoré par les Egyptiens comme étant la représentation de l'être suprême ; idée symbolique de la force et de la patience, réunies à la grande utilité de cet animal si précieux pour le genre humain.

Nous avons vu que morte, elle avait été jugée par les vivants, protégée et conduite jusqu'au lieu de sa sépulture par des personnes dont les fonctions étaient toutes terrestres.

---

que, si la mort d'Apis était une calamité pour le peuple, elle était pour les Prêtres une source de fortune.

Alors, si le concours des Pélerins était nombreux, on faisait venir le bœuf dans une avant-cour environnée de claire-voies, à travers desquelles on pouvait le considérer. C'était dans cette cour qu'on avait pratiqué un autre appartement moins riche, où on nourrissait de même la vache qui avait eu le bonheur de mettre au monde cet animal divinisé. En toute autre occasion, le dieu Apis était invisible, ou ne se montrait du moins que par une petite fenêtre grillée, pour satisfaire la pieuse curiosité des dévots attachés à cette divinité.

Si la richesse des Prêtres d'Apis était immense, leur pouvoir ne l'était pas moins, car, étant parvenus à persuader au peuple qu'ils reconnaissaient, dans l'altération de la couleur du dieu, le successeur qu'il convenait de donner au roi qui mourait sans héritier, par ce moyen, ils disposaient à leur gré de la couronne.

SIXIEME TABLEAU.

L'âme de la défunte rend grâce au ciel; elle a obtenu la croix ansée.

Ce tableau, placé au bout des pieds du sarcophage, semble représenter l'âme joyeuse de notre héroïne (1); prosternée, elle rend grâce au ciel, vers lequel ses bras sont élevés. La grande croix ansée, symbole de la vie céleste, pend à son bras droit.

Le reste du tableau est occupé par quelques légères inscriptions, et par quatre grands vases Canopes, à tête d'Orus, d'Isis, d'Osiris et d'Anubis.

Deux grandes palmes, symbole de la justice et de la vérité; sont placées sur des autels aux deux extrémités du tableau.

---

(1) Nous avons hésité, pour savoir si nous devions classer dans notre explication, la première partie du premier tableau et ce sixième, par la raison que la figure principale ne porte pas le costume sous lequel elle est dépeinte dans tous les autres; la remarque que nous avons faite de la croix ansée qui pend à son bras et qu'elle conserve dans le tableau suivant, nous y a déterminé.

Du reste, la suppression de ces deux tableaux ne changerait nullement l'interprétation que nous avons donnée aux autres.

Telle est l'explication des cérémonies représentées dans les six tableaux qui décorent le côté gauche du sarcophage.

Avant de passer à l'étude des peintures qui ornent le côté droit, disons un mot des motifs qui peuvent justifier celles qu'il nous reste à décrire.

Tous les peuples, quelles que fussent leurs croyances religieuses, ont attendu la récompense des bonnes actions et le châtiment des mauvaises dans l'autre monde. Les Chinois, les Tartares, les Indous, les Perses et les Grecs, ont imaginé des Génies malfaisants, des démons; les Chrétiens, des anges déchus, chargés de jouer dans les enfers le rôle de persécuteurs des méchants. On les a personnifiés sous des noms divers et sous divers caractères. Ne soyons donc pas surpris que notre héroïne, qui a obtenu parmi les vivants un jugement à la fois si honorable et si glorieux, puisque par les ordres des juges elle est admise à se présenter devant le dieu Apis, ne soit, après le second jugement, auquel son esprit ou son âme va être soumis de la part des dieux eux-mêmes, placée au rang des saintes, que l'Egypte invoquait pour intercéder auprès d'eux. Mise parmi les élus, elle devient l'objet d'un culte particulier; elle prend le rang d'un demi-dieu; car, chaque bourgade, chaque peuplade, chaque ville a le sien, comme nos paroisses ont leur patron ; celui-ci est invoqué pour modérer les débordements du Nil, cet autre pour donner une bonne récolte, cet autre enfin, pour protéger le commerce et l'industrie, ainsi les Grecs et les Romains invoquaient Mars, Bacchus, Cérès, Diane ou Mercure, etc. etc., selon les circonstances.

Ces préliminaires nous ont paru indispensables pour expliquer les nouvelles épreuves par lesquelles notre héroïne devra passer pour arriver à son entière purification.

DEUXIÈME PARTIE.

SEPTIÈME TABLEAU.

Guidée par son bon génie, elle marche vers les cieux pour arriver à l'Amenthi céleste où son âme sera jugée par les dieux.

Précédée d'Isis, la défunte est ici représentée ayant en main la croix (1) que nous avons signalée comme une clef tenue par les Génies qu'elle invoquait dans les tableaux précédents; ce qui nous autorise à croire que cette espèce de croix est un emblême donné aux élus. Son guide tient aussi le même signe, que nous retrouvons encore à la main d'une autre servante, portière des lieux saints, gardant le sanctuaire qui suit ce tableau et à laquelle nos voyageuses semblent demander le passage.

HUITIÈME TABLEAU.

Allégorie des dieux de l'Egyte, où l'on voit la figure personnifiée de cette nation, soutenue, et protégée par ses génies, et fertilisée par le Nil.

Disons d'abord que chaque congrégation (et l'Egypte était alors, avons nous dit, toute congréganiste), chaque tribu, chaque classe, chaque

(1) Voir la symbolisation de cette croix dans le tableau précédent.

corps, appartenait à un ordre qui avait pour chef ou pour patron, l'un des dieux ou des demi-dieux, dont leur paradis était peuplé.

Ce tableau est toute une allégorie : des Ibis, des Anubis, des vaches-Apis (1), des Osiris sous la forme de l'épervier sacré, des scarabés et des serpents mêlés à des amulettes et à des caractères hiéroglyphiques, etc.

Une grande figure de femme nue, touchant à terre avec les pieds d'un côté, et avec les mains de l'autre, décrivant ainsi un arc irrégulier, est soutenue par trois personnages ayant divers attributs. Un fleuve est couché à terre, dans l'attitude qu'on donne ordinairement à cette représentation. Ce dernier est couleur vert-d'eau, et porte la barbe tressée.

J'ai cru reconnaître dans ce tableau, la représentation allégorique de l'Egypte, soutenue, protégée par ses Génies et fertilisée par le Nil. En effet, ce fleuve, ainsi à demi-couché, dont les pieds finissent avec ceux de la figure à laquelle je donne le nom de l'Egypte, atteignant la mer avec elle, a un bras dirigé et prolongé au-delà

---

(1) Hator était le nom de la vache sacrée. (Champollion).

de cet empire ; la main paraissant tenir des flots dont la source est inconnue (1).

---

(1) Cette circonstance suffirait pour détruire les observations du célèbre visiteur, dont nous avons parlé dans la note du tableau n° 3, et qui nous fit l'honneur de nous dire que la figure « *à laquelle nous avons donné le* » *nom de l'Egypte*, était la *représentation du ciel* ; que la » même figure absolument dans la même pose, se retrou- » vait peinte sur les murs de plusieurs temples, notam- » ment dans celui de Balbec, et que tous les savants » l'avaient interprêtée ainsi »

Nous devons convenir d'un fait : c'est que nous voyons, page 30 du Dictionnaire de Champollion, une figure symbolique qui a absolument la même posture ; mais elle ne s'appuie sur rien, étant tout-à-fait isolée. Cet égyptologue lui donne le nom de *ciel* ou *plafond*. Mais comme deux lignes parallèles, fermées à leur extrémité, reçoivent la même dénomination, qu'il nous soit permis ici de faire une distinction.

Si nous admettions que toutes les peintures sont des caractères hiéroglyphiques, bien certainement le célèbre égyptologue que nous combattons aurait raison ; mais nous avons prouvé, page 8, qu'on ne pouvait adopter cette opinon, par l'impossibilité de lire et de donner la même interprétation à deux figures représentées sous des formes différentes : (l'homme à figure d'Ibis, et l'Ibis en nature). Comme écriture hiéroglyphique, nous adoptons l'idée de ciel ou plafond ; mais comme tableau, et ici c'est évidemment un tableau, une scène animée où plusieurs personnages sont appelés à jouer un rôle qui doit compléter l'action que le peintre a voulu représenter, nous ne saurions admettre l'opinion de M. Lenor-

Il est évident que l'artiste qui fut chargé de l'ornementation de ce magnifique sarcophage, avait des connaissances géographiques, puisqu'il a eu le soin de donner au fleuve une plus grande étendue qu'à l'Egypte elle-même.

---

mand, par cette seule raison de l'impossibilité même de classer les signes en rang convenable, et partant d'en faire la lecture.

Et qu'on nous permette encore une observation: le ciel, comme mot, n'a nul besoin d'appui, soit que Champollion, le donne sous la forme de lignes parallèles, soit sous celle du corps humain, et souvent c'est un homme avançant les bras en avant, comme pour faire un plongeon; il n'y a rien ici qui ressemble à la figure qui nous occupe.

Nous craignons cependant qu'une telle décision de notre part, soulève une discussion que nous voudrions éviter. Nous ferons donc observer que les Egyptiens ont employé comme hiéroglyphes, 1°. L'homme avec toutes ses poses et ses gestes; ils l'ont décomposé, et il n'est pas un seul de ses membres qui, représenté séparément, ne soit l'équivalent d'un caractère; 2° Le ciel est tout ce qui tient au firmament; 3° La terre et ses plantes; 4°. Les animaux quelle que soit leur nature; enfin, les instruments de tous genres. etc. etc, tout est devenu hiéroglyphe. Mais, comme nous l'avons fait observer, les figures que nous expliquons composent des tableaux, dans lesquels le peintre a renfermé une action, une scène, où chaque personnage joue un rôle; or, puisque l'artiste a pris soin de placer au-dessus, une légende explicative en caractères hiéroglyphiques, il n'a donc pas voulu dire deux fois la même chose; il a fort bien distingué lui-même son tableau, de la légende destinée à en expliquer la

NEUVIÈME TABLEAU.

Notre héroïne appelle Caron, pour être passée sur sa barque, afin d'arriver à l'Amenthi. Son bon génie a déjà disposé ce pilote à la recevoir, pour lui faire passer le Styx.

Ici nous retrouvons notre héroïne, mais seule et sans guide; elle est précédée d'un grand cartouche de hiéroglyphes, qui sans doute contient

---

représentation. Il y a donc évidemment ici, un sujet historique ou allégorique, et une notice explicative; et qu'on nous permette de nous répéter, ce ne sont pas les caractères que nous expliquons, ce sont les peintures, ce sont les tableaux. Champollion jeune et Champollion-Figeac, ont décrit les magnifiques tableaux et bas-reliefs qui décorent les tombeaux des rois Sésostris et Rhamsès, placés dans la vallée de Biban-El-Molouk; chaque scène porte un cartouche qui explique le sujet; ils les ont lus ainsi: Le dieu Sésostris, fils chéri du dieu Amon-Ra, aimé du dieu Phré, reçoit les tributs des peuples qu'il a soumis au royaume de son père, etc. D'autres ne portent que ce peu de mots: Le dieu Amon-Ra a combattu les ennemis de son fils chéri, le dieu Rhamsès, auquel les bons Génies accordent une longue vie.

Or, les célèbres Égyptologues dont nous invoquons ici le témoignage, non-seulement expliquent les sujets représentés montrant le Roi près d'un autel, faisant aux dieux des offrandes, et puis, assis sur un trône, recevant des chefs de l'armée et des divers corps, les étendards, les prisonniers et le butin pris à l'ennemi; mais

ou sa prière ou son histoire. Les bras étendus en avant, elle semble appeler quelqu'un. (Camille Duteil dit que ce signe doit s'expliquer par : oh ! eh ! à moi. Champollion lui donne la même signification). Elle semble implorer l'assistance du

---

encore ils ont parfaitement reconnu et désigné, par l'étude physiologique, le caractère distinctif de ces mêmes prisonniers et celui des envoyés des peuples qui, se soumettant à la puissance de ces princes, leur payaient tribut ; c'est ainsi qu'ils ont désigné des Africains, des Abyssiniens, des Arabes, des Grecs, des Perses et même des Européens, etc., etc. Ils passent en revue les richesses que chaque peuple ou chaque chef présente au prince ; ici ce sont des animaux : lions, girafes, chacals, levriers, singes, chameaux, tigres, panthères, autruches et plumes de cet animal, des défenses d'éléphants; puis de la poudre d'or, de pierres précieuses, grenats, émeraudes, rubis, corail, cornalines ; les matières colorantes, les bois précieux de l'Inde, soit pour le placage des meubles, soit pour la teinture, les vases en or, en argent, en émail ou en verre, les armes, les instruments, les étoffes et les tissus précieux, etc. etc. Ces descriptions et ces énumérations remplissent plusieurs longues pages de leurs ouvrages ; ils ajoutent que, près des princes, on voit des scribes, la plume et l'écritoire (Calam) à la main, notant sur un registre, tout ce riche butin.

Ces tableaux ont quelquefois jusqu'à 1,500 ou 2,000 figures ; or, si chacune était l'équivalent d'un caractère hiéroglyphique, et devait être lue, ainsi, on conçoit que ce ne serait pas un cartouche, composé d'une ou de deux lignes, dont encore la plus grande partie est sacrifiée aux titres pompeux de *dieu fils du grand dieu*, *etc*; qui pourrait suffisamment expliquer une aussi énorme page ?

patron d'une barque qui est de l'autre côté de l'Achéron, qu'elle est obligée de traverser ou même de descendre. Mais déjà son Génie protecteur, son guide, avait devancé ses désirs et avait préparé Caron à la recevoir; en effet, ce patron, de l'aspect le plus repoussant, occupe le centre de sa nacelle, son aviron dans une main, il tient la clef dans l'autre, et le gouvernail est fixé au pivot; quatre esclaves tirent le navire avec des cordes, tandis qu'Isis placée sur la proue, annonce à sa protégée qu'on vient la chercher.

Un mort, gisant sur le rivage, paraît y avoir été délaissé; peut-être a-t-il été repoussé par l'impitoyable pilote.

DIXIÈME TABLEAU.

L'AMENTHI (Tribunal suprême).

Débarquée dans les Champs célestes, où siège le dieu Orus, et où notre héroïne doit être jugée; on voit l'instrument qui doit décider de sa destinée : Ibis tient la balance.

Transportée dans le sanctuaire où siège le grand Orus (dieu de la grande lumière), la prière qu'elle adresse à deux gardiens assis à peu de distance, et de chaque côté du passage qu'elle doit franchir, est écrite dans deux colonnes de caractères hiéroglyphiques. Dès qu'elle a obtenu son entrée, une transformation s'est opérée en elle, au lieu d'une couronne, on voit sur sa tête, deux palmes (1); elle en tient dans ses mains qu'elle tient élevées vers le ciel (2). Le dais dont sa tête était ombragée a disparu; prête à être jugée, elle semble redouter le jugement. Près d'une balance élevée sur un piedestal, est assis un petit Génie qui semble en être le gardien; plusieurs attributs de la justice y sont représentés. Dans l'un des plateaux est un vase en terre, emblême de la fragilité de l'âme, dans l'autre, les os surmontés d'une palme (la justice et la vertu). Le dieu Ibis, jouant ici le rôle d'un peseur, s'assure avec la main, que l'aiguille régulatrice reste perpendiculaire au fléau; ce qui

---

(1) Nous avons déjà dit que les palmes étaient le symbole de la justice et de la vertu.

(2) Camille Duteil, explique ce signe par celui de ciel; alors cela indiquerait son apothéose.

Sans lire les hiéroglyphes, il suffirait de jeter un coup-d'œil sur ce tableau, pour être convaincu de la justesse de l'interprétation de cette pantomime; car, outre que l'auteur que nous citons reconnait que le ciel est représenté dans les hiéroglyphes, soit par un corps allongé, soit par une ligne bleue, ce qui est également approuvé par Champollion, nous voyons ici dans la bande qui est au-dessus, et que nous sommes convenus d'appeler la légende, le ciel indiqué au pluriel par plusieurs lignes parallèles qui se suivent; or, nous lisons dans le Dictionnaire de ce savant, page 2, que ces lignes sont le *pluriel figuratif de ciel*, les cieux.

exprime que l'âme ou les vertus pèsent d'un poids égal à la matière corporelle, aux yeux de dieu.

Cependant le dieu Orus, assis sur un siège élevé sur cinq marches, préside à cette épreuve. Les deux bras en avant, il tient dans une main le bâton pastoral, et dans l'autre le terrible fléau; lequel de ces deux signes emploiera-t-il ? Isis, le guide officieux, le Génie protecteur de notre héroïne, s'est déjà placée près de lui ; usant auprès de son époux, de son irrésistible intercession, elle semble avancer la main pour retenir son bras prêt à frapper, lorsque Osiris s'approchant du maître des dieux, lui rend compte de l'arrêt favorable qui vient d'être prononcé par le dieu Ibis, après l'épreuve de la balance. Un monstre, qui ressemble beaucoup à un hippopotame, suit ce dernier. Le rôle d'Isis est maintenant de conduire sa protégée dans l'Olympe.

ONZIÈME TABLEAU.

Champs-Elysées, où les âmes des élus jouissent des biens célestes.

Ce bandeau qui règne autour du sarcophage, semblerait indiquer le séjour des élus, où les âmes des bienheureux sont placées dans un jardin dont le printemps est éternel ; des cantiques sont écrits au-dessus de tables couvertes de fruits et de fleurs.

Le lecteur aura déjà remarqué que dans le cinquième tableau, Io présente du pain et des fruits à la suppliante, lorsque celle-ci l'implore pour être présentée à Apis ; ici, nous voyons les élus ayant devant eux des tables couvertes de fleurs et de fruits.

La religion et la croyance des Egyptiens, qui admettaient l'immortalité de l'âme, supposaient qu'elle transmigrait dans des corps célestes ; que dans le ciel elle ne s'occupait qu'à récolter le blé et les fruits les plus suaves, sans se donner la peine de la culture. Manger, boire, dormir, chanter la gloire des dieux, jouir de tous les biens ; tel est le paradis promis aux fidèles, par les Prêtres égyptiens.

DOUZIÈME TABLEAU (INTÉRIEUR).

Lit de parade d'Atéphinofré, grand-Prêtre et Scribe du temple d'Amon-Ra, à Thèbes.

Des larmes, des pleureuses, des chants funèbres, un emblême de la puissance divine figuré par le globe lumineux soutenu par les bras de l'être suprême et de deux anges qui l'adorent, précèdent la peinture qui représente un mort illustre, placé sur un lit de parade ; il porte les insignes d'un Grand-Prêtre, ce qui semble indiquer un souverain pontife. Le lit sur lequel il est

11.me
11.me
7.me
8.me
9.me
10.me
MOMIE
du Musée
PERROT,
Expliquée
d'après
les Peintures.
A. Perrot.

couché, a 28 centimètres de long (10 pouces); au-dessous sont placés quatre vases nommés Canopes (urnes funéraires). Ce mort *a la figure blanche et porte la barbe noire tressée*; son bonnet pontifical en forme de mître, est très-grand. La procession de pleureurs est tournée vers lui, de manière que ceux des pieds et de la tête lui font également face.

Cette représentation d'un homme mort, Prince ou Prêtre, sur un monument dont les peintures sont toutes relatives à l'histoire d'une femme, devait nécessairement nous suggérer l'idée que notre héroïne était la veuve du personnage qui est représenté dans ce dernier tableau.

En effet, il est facile de reconnaître une femme sous le costume que nous avons décrit au troisième tableau; l'absence de la barbe en est en outre l'indice incontestable, comme le remarque Champollion dans son Dictionnaire page 39, dont nous avons déjà cité un passage. La coiffure, le profil du visage, qui même est d'une régularité qui doit nous faire présumer qu'elle était jolie, tout annonce une personne du sexe féminin, bien que la couleur de son teint soit *brun-rouge*, tandis que son époux est blanc. Et cette femme est la même que nous avons vue, jugée par les hommes dans les premiers tableaux, la même qui présente le pain à Cerbère pour obtenir d'approcher du bœuf Apis, la même encore qu'on conduit par la main à travers les cercles des Champs-Elysées.

Dans la deuxième partie, c'est elle qui appelle la barque, c'est elle encore, dont les vertus sont pesées dans la balance divine; enfin, les hommes de l'art, dont nous invoquons le témoignage, ont déclaré que le corps qui est placé dans la bière qui nous occupe, est celui d'une femme (1).

Lorsque M. Lenormand, nous fit l'honneur de visiter notre cabinet, il ne put refuser son admiration aux richesses qu'il renferme; il fut particulièrement frappé de la beauté du précieux monument qui nous occupe, sur lequel il fit plusieurs savantes remarques. C'est donc à regret que nous nous sommes vus forcés de combattre les opinions d'un homme pour lequel nous professons la plus grande considération, et aux lumières duquel nous devons la découverte du nom de l'époux de notre Momie; car, il lut dans un des cartouches de l'intérieur du tombeau, la phrase ci-après: *Atéphinofré, Scribe et Prêtre du temple d'Amon-Ra, à Thèbes*; et plus bas, *Phinofré offre un sacrifice au seigneur, dieu des dieux* (2).

---

(1) Les personnes, qui auront lu notre lettre adressée à M. J. Reboul, insérée dans la Gazette du Bas-Languedoc, du 22 octobre, comprendront pourquoi nous insistons sur ces détails. Qu'y aurait-il en effet, d'extraordinaire, que notre héroïne fût issue d'une famille illustre d'Ethiopie ou même de la haute-Egypte, tandis que son époux aurait été de la partie inférieure de cet empire ?

(2) Les Egyptiens, dans leurs écrits, retranchaient souvent les premières syllabes d'un nom propre déja prononcé précédemment. (Lenormand).

Qu'il nous soit permis de témoigner ici nos regrets que ce savant, qui paraît lire, avec tant de facilité, les hiéroglyphes, après une découverte aussi précieuse pour nous, que celle du nom du grand-Prêtre, dont nous avons parlé, n'ait pas pensé à rétrograder de quelques mots, car évidemment il eût trouvé le nom de notre héroïne, suivi des mots *veuve de* (1). Alors il eût été évident que c'était à la femme que se rapportaient les peintures, et que, si le nom et les dignités de l'époux étaient mentionnés dans les inscriptions, c'est que l'honneur en devait rejaillir sur l'épouse, de manière à faire connaître le haut rang qu'elle avait occupé dans la société.

---

(1) Nous hasardons cette conjecture, comme la seule qui nous paraisse probable, et la seule qui puisse être admise.

TROISIÈME PARTIE.

PEINTURES QUI ORNENT LE COUVERCLE DE LA CAISSE.

La variété, la richesse et le grand nombre de sujets peints sur le couvercle de ce précieux sarcophage, mériteraient une longue dissertation ; mais elle nous exposerait à dépasser notre but, qui est de ne retracer que ce qui est historique.

Si l'étude des deux premières parties nous a donné quelques notions sur l'histoire égyptienne, ses croyances religieuses, les usages et les cérémonies qui se pratiquaient pour la sépulture et le jugement des morts ; si nous y avons acquis la preuve que les Grecs et les Romains, et même les religions modernes, ont emprunté une partie de leurs cérémonies et de leurs croyances à l'Egypte, l'explication des peintures du couvercle ne peut que compléter les fictions déjà expliquées.

L'aspect général du couvercle, représente la figure d'une femme ayant les bras croisés sur la poitrine ; celle-ci est ornée d'un magnifique collier à sept rang, dont le dernier est de perles oblongues et de pierres fines ; sa tête est ceinte d'un bandeau, dont les énormes bandelettes pendent de chaque côté, et ses mains en saillie, semblent tenir un objet qui manque.

Le corps est terminé en gaîne, jusqu'à l'extrémité des pieds; et c'est sur le corps, sur les bras et partout, que sont peints les divers sujets que nous allons expliquer sommairement.

Les anciens Egyptiens n'avaient dans le principe d'autres dieux que le soleil et la lune; le soleil, regardé comme le grand architecte de l'univers, qui règle les saisons, réchauffe les entrailles de la terre pour lui faire produire les biens si utiles à l'homme; il était adoré sous le nom d'Orus ou d'Osiris, dieu du jour et de la lumière.

La lune, adorée sous le nom d'Isis, était considérée comme son épouse. C'est à ces deux grands luminaires qu'était attribué le gouvernement du monde, comme à deux divinités premières et éternelles, d'où provenait tout le grand ouvrage de la génération et de la végétation. Plusieurs temples furent bâtis en leur honneur. La ville d'Héliopolis ou du soleil, porte ce nom du monument consacré à ce dieu, et dans lequel on voyait la statue dorée, représentant un jeune homme imberbe, dont le bras droit était élevé et tenait un fouet dans l'attitude d'un conducteur de char, tandis que dans la main gauche il tenait un faisceau de foudres.

Les planètes étaient aussi l'objet d'un culte particulier, les astres fixes, et en général tout ce qui, dans la nature, porte le caractère de cause et de perpétuité, comme preuves ou symboles de la puissance suprême.

Le premier signe que nous voyons ici, c'est le Scarabée roulant sa boule entourée de deux aspics ailés; emblême du soleil et de la lumière éternelle. Le dieu Orus, assis, est représenté sur chaque côté, surmonté de l'œil ailé.

Plus bas, et au-dessous des bras, est répété le Scarabée, mais plus grand que le premier; il a de même les ailes déployées; deux barques sont montées par les figures du dieu Osiris (1), d'un esprit céleste sous la forme de l'Epervier à tête d'homme, et par un Anubis; des yeux ailés, des Aspics, des Eperviers et des clefs, petites croix ansées, complètent les ornementations.

Comme on le voit, les symboles du dieu Jour ou Soleil, dominent dans toutes ces représentation; tantôt c'est le disque ou globe lumineux, roulé par le Scarabée, qui symbolise l'éternité; tantôt c'est la figure de l'Epervier qui porte ce même globe sur la tête, et alors cet oiseau est l'image de l'esprit céleste de la grande lumière; enfin, sous les formes humaines, ce dieu prend les noms d'Osiris ou d'Orus.

(1) Osiris est représenté sous la forme humaine, mais avec la tête d'un Épervier, au-dessus de laquelle est placé le disque du soleil ou globe lumineux. Orus, avec les mêmes attributs, ne diffère que parce qu'il a une figure d'homme portant la barbe; sous deux noms différents, nous croyons que c'est la même divinité.

Cette représentation pourrait être celle du symbole de la marche du soleil dans les deux hémisphères.

Une grande ligne bleue sur laquelle on voit des étoiles dorées, représente le ciel étoilé; elle sépare le jour de la nuit; et en effet, nous voyons au-dessous la grande figure d'Isis, une étoile sur la tête, elle étend les bras et déploie ses deux grandes ailes funèbres, qui semblent voiler des ombres de la nuit, le reste du cercueil qu'elles embrassent. Double fiction de la nuit des tombeaux ou de la mort, et des six mois de ténèbres, pendant lesquels la terre étant privée de lumière, tout est mort dans la nature sur laquelle règne la nuit; et comme pour rendre encore plus complète cette funeste allégorie, deux énormes aspics ailés, symboles de la mort, semblent se dresser sur les longs replis de leur queue, et garder les clefs des tombeaux.

Sous les pieds de cette déesse commence un bandeau qui suit jusqu'à l'extrémité du sarcophage, dont il occupe le milieu, il est décoré alternativement, de scarabées, d'amulettes, d'Ibis et autres figures symboliques, de guirlandes, de clefs ou nilomètre, des yeux ailés : toutes ces choses sont placées sous des constructions architecturales, comme des portes de temples, dont les montans sont briquetés de plusieurs couleurs.

Les tableaux qui nous restent à expliquer sont rangés de chaque côté des ornements que nous venons de décrire.

Peintures du Couvercle.

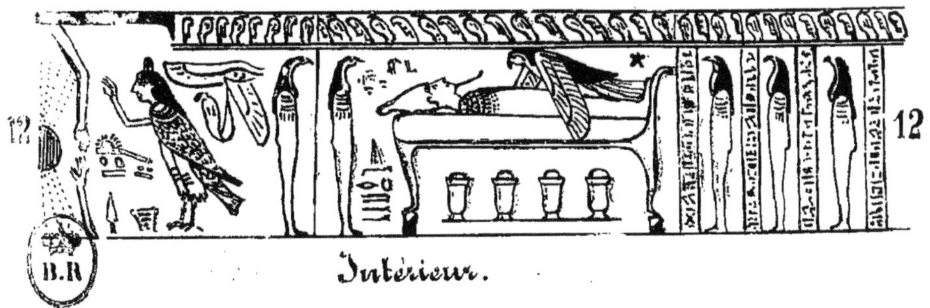

Intérieur.

TREZIÈME TABLEAU.

Invoquée comme une sainte, patronne de l'Egypte, notre héroïne présente le Nilomètre au dieu Osiris et à Isis.

L'explication du dixième tableau nous a prouvé que la personne dont nous poursuivons l'histoire, avait été jugée digne d'être admise au nombre des esprits bienheureux qui habitent le ciel.

Ne soyons donc pas surpris qu'une fois sa sainteté reconnue, ses descendants et le peuple même, la regardent comme une divinité puissante, et l'invoquent pour qu'elle intercède pour eux, auprès du grand dieu.

En effet, nous la voyons ici, tenant dans une main l'échelle du Nil (Nilomètre.) (1). Sans doute

---

(1) Cet instrument se compose d'une pièce de bois allongée, où, de la base au sommet, sont marqués des degrés pour indiquer les progrès et l'accroissement des eaux ; accroissement qui était proclamé et crié dans toutes les villes de l'Egypte, à chaque pouce d'augmentation.

La partie supérieure porte de chaque côté des barres croisées, au nombre de cinq. Ces lignes saillantes comme les bras d'une croix, et de couleurs différentes, indiquent aussi des degrés ; celui du milieu a une marque particulière. C'était une calamité pour le pays, si les

elle fût invoquée pour en modérer les débordements. Le dieu Ibis la précède, et semble la conduire près du dieu Orus ou la grande lumière, qui doit recevoir son offrande; sa tête est surmontée du disque, derrière son siège est placée Isis.

QUATORZIÈME TABLEAU.

Elle offre la première végétation à l'Esprit céleste d'Osiris (l'Epervier.)

Dans ce tableau, elle présente des végétaux: ce sont de feuilles vertes; à ses pieds sont des plantes dont les feuilles sont épanouies. Le dieu qui reçoit ses présens, est figuré par l'Epervier coiffé du disque entouré de divers attributs, symbole de l'esprit céleste de la grande lumière.

---

eaux dépassaient ou n'atteignaient pas ce point; dès-lors on conçoit combien il importait pour le bien public, que les eaux atteignissent la hauteur indiquée sur l'échelle.

Il nous suffira pour prouver que notre héroïne fut invoquée pour modérer les débordements du Nil, de dire que ce n'est point sans intention que l'artiste lui a placé cet instrument dans la main: car, sur environ trois mille signes qui ornent la caisse, deux fois seulement nous le trouvons employé comme caractère hiéroglyphique, dans une prière. Et tandis que les *deux cent trente-cinq personnages*, qui y sont représentés, portent en main ou la croix ansée, la palme de la vertu, ou le fléau, la crosse, les étendards, etc. etc., ce qui est plusieurs fois répété; deux fois seulement nous voyons le Nilomètre dans la main d'une femme qui figure dans seize tableaux.

QUINZIÈME TABLEAU.

Elle offre des fleurs et des fruits aux cieux.

Ici, elle offre des fleurs et les fruits précoces du printemps; et c'est aux lignes bleues, représentant les cieux, qu'elle dédie ses présents.

SEIZIÈME TABLEAU.

Elle offre le pain, produit d'une riche moisson.

Placée près des arbres dont les fruits n'ont pas encore atteint toute leur maturité, elle offre aux cieux le pain, produit de la récolte des blés, comme pour les remercier d'avoir accordé une abondante moisson. Mais nous remarquons que l'artiste, pour nous indiquer l'ardeur des rayons du soleil et la chaleur de cette saison, a augmenté la coiffure de notre héroïne, d'une visière comme celle de nos casquettes, afin de garantir sa figure.

DIX-SEPTIÈME TABLEAU.

Elle offre les melons et les pastèques, fruits de l'été.

Ici elle offre les fruits de l'été; et c'est à l'épervier coiffé du disque, et aux emblêmes du dieu soleil, que s'adresse l'offrande. Elle porte encore la même coiffure.

DIX-HUITIÈME TABLEAU.

Elle offre au dieu Osiris et à la déesse Isis, le vin provenant d'une abondante vendange.

Dans ce dernier tableau elle présente dans un vase, la liqueur, produit des vendanges. C'est le dieu Osiris qui lui sert de guide, et la présente au dieu Orus, derrière lequel est placée Isis ; assemblage du soleil et de la lune.

Nous ferons observer qu'elle tient dans une main le Nilomètre Ils semblerait dès-lors qu'elle vient rendre aux dieux ce signe qu'elle reçut comme emblême pendant les six mois de production.

Là finissent ses travaux : elle a parcouru les six mois de l'année pendant lesquels règne le dieu du jour, qui semble l'accueillir avec bonté, pour la récompenser de ses peines.

Etrangère aux six tableaux qui sont placés au-dessous, nous voyons dans ceux-ci les emblêmes de l'hiver, de la nuit ou de la mort, dans laquelle notre globe est plongé pendant cette moitié de l'année où la lumière est absente, ou du moins ne se montre que faible et vaincue par la nuit

La vache, le hibou, l'aspic, tels sont les symboles qui semblent règner sur ces six mois de deuil.

Pour peu qu'on étudie ce que nous venons de dire, l'on ne saurait manquer d'être frappé des rapports qui existent entre les représentations de ces douze tableaux, dont six appartiennent à la belle saison ou aux six mois pendant lesquels règne la lumière ou le soleil, et six autres à celui de la nuit, et les signes du zodiaque, ou les astres qui règlent la marche du temps et des saisons. Et quant à notre héroïne, nous devons conclure qu'elle a été placée au rang des constellations et des divinités du second ordre, qui sont invoquées par les mortels; car, le Nilomètre à la main, elle doit modérer les débordements du Nil, afin de procurer aux habitants de l'Egypte les richesses de la culture.

Dans un tableau, c'est l'offrande d'une végétation naissante, qui promet la plus belle récolte; Dans un autre, ce sont les fleurs du printemps; plus loin, les productions de l'été; enfin, les fruits de l'automne et de la vendange. Ces six mois de lumière sont suivis des mois des frimats et des ténèbres.

Après l'histoire de notre Momie, après même son apothéose dans le ciel, où nous voyons le rôle que les croyances d'un peuple idolâtre, lui font jouer, nous pensons qu'il ne serait pas sans intérêt pour le lecteur, de démontrer par la comparaison, tout ce que les religions des Grecs et des anciens ont emprunté à l'histoire sacrée des Egyptiens, pour composer leur mythologie. On sera frappé surtout, de voir combien les noms des lieux ou des choses, prêtent à la fiction.

QUELQUES NOTES HISTORIQUES

Sur les rapprochements que l'on peut faire entre la Mythologie des Grecs et l'histoire égyptienne.

Plusieurs auteurs anciens avaient déjà fait la remarque des rapports qui existent entre la fable des Grecs et l'histoire de l'Egypte au temps de sa plus grande gloire, c'est-à-dire, dans les siècles des Pharaon et des Sésostris.

Nous lisons dans les mémoires de M. de Maillet, publiés par M. l'abbé Lemascrier, en 1735; deuxième partie, page 87, ce qui suit :

« Il me reste, Monsieur, à vous entretenir
» des cérémonies qui s'observent ici à l'égard
» des morts. Je ne vous parlerai point de ce que
» pratiquaient les anciens Egyptiens à cet égard;
» des folies que faisaient les femmes en ces occa-
» sions; de la manière dont on embaumait les
» corps; des drogues dont on se servait pour
» cela, ni de tant d'autres usages qui ont cepen-
» dant servi de fondements aux fables que les
» Grecs ont publiées sur le *Styx*, sur la *Barque*
» *de Caron*, sur *Minos* et les *Champs-Elysées*.
» En effet, supposé que l'ancienne Memphis,
» fût située sur les bords de ce lac, qu'on appelle
» aujourd'hui *Birque de Caron* (le lac Méris)
» comme je crois l'avoir prouvé; il fallait vrai-
» semblablement passer ce lac, pour porter les

» corps dans cette vaste plaine des momies, » dont je vous ai entretenu ; et je ne doute pas » que ce passage n'ait donné occasion aux fables » du *Styx* et de la *Barque*. Il pouvait de même » y avoir de l'autre côté du lac, un juge auquel » on présentait les corps, afin qu'il en tînt un » *registre*, aussi bien que des *certificats qu'on* » *lui remettait de la bonne conduite des défunts*. » Aussi quelques historiens anciens rapportent- » ils qu'on exposait les corps des personnes » mortes, afin d'avoir le témoignage du peuple » sur leur bonne ou mauvaise vie, (1) et ce juge » est sans doute le Minos des anciens. Vous con- » cevez d'abord que toutes ces pratiques ne » subsistent plus, non plus que l'usage d'em- » baumer les corps. Les drogues dont on se servait » pour cela, sont même aujourd'hui absolument » inconnues. La suite vous fera voir cependant » que les Egyptiens de nos jours, conservent » encore quelques traces des coutumes que les » anciens observaient dans les funérailles. »

En lisant ce qui précède, on ne saurait manquer d'être frappé de la coïncidence qui existe entre l'explication que nous avons donnée du troisième tableau, et la narration de cet auteur. Il est vrai qu'il ne fait que supposer la possibilité

---

(1) Voir plus loin ce que nous disons de l'exposition des corps des Princes et des Rois, des juges et jurés, et des jugements du peuple.

d'un juge, qui siégait de l'autre côté du lac ; mais c'est déjà beaucoup, pour une époque où l'histoire de ce pays était si peu connue. Cette hypothèse reçoit une pleine confirmation, de la représentation des peintures que nous avons expliquées, et plus encore des savantes descriptions de MM. Champollion, qui ne nous laisse plus aucun doute à cet égard. Les jugements de l'Amenthi, peints sur les tombes de la vallée de *Biban-El-Molouk*, si bien expliqués par ces égyptologues, sont enfin pour nous des preuves irrécusables de la justesse de nos interprétations.

Il nous restera donc à montrer combien les Grecs ont emprunté aux Egyptiens pour la composition de leur mythologie ou de leur fable, et pour ce qui tient à leurs pompes funèbres, au jugement des morts, aux Champs-Elysées, au passage de la barque, au chien Cerbère et au jugement de l'âme. Mais comme toutes ces fictions dépendaient des cérémonies religieuses adoptées pour les pompes funèbres, et des obstacles qui s'opposaient au transport des corps aux divers points de sépulture, nous sommes obligé de dire un mot de l'ancienne Memphis et de sa position.

Les auteurs les plus anciens sont peu d'accord sur l'origine de cette ville. Les uns disent que lorsque les enfants de Cham commencèrent à peupler l'Egypte, ils établirent d'abord leur demeure sur les coteaux avoisinants. Cette cité, qui peu de temps après fut fondée et prit le nom de *Momphta*, ce qui signifierait *Eau du Seigneur* ;

sans doute en raison du lac Méris, au bord duquel furent faites les premières constructions, et sur lequel plus tard, la ville dût être construite en totalité.

Les auteurs arabes disent que dans le principe, c'était un village où l'on envoyait en exil, et que son nom signifie la demeure des relégués; mais que l'agrément de sa situation, la fertilité du sol voisin, plus encore la fraîcheur que les eaux du lac entretiennent même pendant les plus grandes chaleurs de l'été, enfin la proximité de la mer, y attirèrent les Princes dont les capitales étaient éloignées. D'abord il n'y habitèrent que pendant quelques mois de l'année, jusqu'à ce qu'un roi, par qui l'Egypte était gouvernée, après avoir enrichi Memphis de palais somptueux et de beaux édifices, y transporta sa cour. Ces traditions feraient remonter l'histoire de cette fondation à plus de *cinquante mille ans* avant notre ère; mais, dit l'auteur déjà cité, je sais qu'elles sont contredites par les annales mêmes les plus favorables à l'antiquité des dynasties d'Egyptes, qui ne leur attribuent que *dix-sept mille ans* de durée, avant la naissance de Jésus-Christ.

Le même auteur (1) pense, avec raison, que malgré toute l'incertitude que de tels récits peuvent nous laisser sur la haute antiquité d'une

---

(1) L'abbé Lemascrier.

ville qui a tant occupé les plus célèbres historiens de la Grèce et de Rome, et notamment Pline, il est évident que les premiers rois de cet empire occupèrent depuis un temps immémorial la haute Egypte; ce qui est prouvé par les ruines de plusieurs temples gigantesques situés jusque sous le Tropique et au-delà, et ce qui doit nous démontrer que les capitales des anciens Princes ne pouvaient être fort éloignées de ces lieux. Aussi l'histoire la plus ancienne de ces peuples place-t-elle le siège de l'empire tantôt à *Siène*, tantôt à *Thèbes*, ensuite à *Memphis*. L'on pourrait supposer, comme le fait fort judicieusement cet auteur, que ces villes étaient les capitales de trois états différents, qui pendant long-temps se partagèrent l'Egypte, jusqu'à l'époque où l'un des trois Princes qui régnaient sur ce beau pays, ayant fait la conquête des deux autres parties, les réunit sous un seul gouvernement dont la capitale fut Memphis. Cette dernière version serait propre à justifier l'erreur des auteurs arabes qui, sans distinguer trois royaumes ou trois dynasties régnant sur trois états à la fois, avaient placé ces règnes à la suite les uns des autres, et calculant sur la durée de chacun, avaient ainsi trouvé cette énorme série de *cinquante siècles*, qui a paru assez peu probable à l'auteur des mémoires.

Les savants auteurs modernes auxquels nous devons de si utiles recherches sur l'histoire ancienne d'un pays qui est encore trop peu connu, font sur l'antiquité de l'Egypte, des remarques qui nous ont paru d'un grand intérêt.

« Notre esprit s'émeut profondément, dit Champollion, au spectacle de cette organisation morale et politique de l'ancienne Egypte, qui semble être sortie des mains du Créateur toute dotée des institutions les plus nécessaires à son existence et à son développement social; on ignore en effet ses origines, *et aux époques les plus reculées auxquelles la critique historique a pu remonter, elle a retrouvé l'Egypte avec ses lois, ses mœurs, ses villes, ses rois et ses dieux*, et en arrière de ces mêmes époques, il y avait encore *des ruines d'époques plus anciennes.* »

A Thèbes, d'antiques monuments qui comptent trente-six siècles d'existence, furent construits, avec les débris d'autres édifices qui, à cette époque, pouvaient compter une plus grande antiquité encore; où remonte donc la véritable souche de ces générations successives de ruines?

Hérodote raconte qu'un grec (Hécatée de Milet), qui visitait l'Egypte, ayant été introduit dans les temples, se vantait devant un grand-prêtre, d'une généalogie qu'il rattachait à un dieu, et qui comptait seize générations. Le prêtre lui montra 341 statues de grands-prêtres, en les lui comptant l'une après l'autre, depuis celle du dernier mort; ce qui, en calculant à trois générations par chaque siècle, formait une série de pontifes, qui avait à cette époque *onze mille trois cent soixante-six années*. Toutefois, en admettant, comme un savant critique l'a fait judicieusement observer, que dans les pays de l'Egypte, les hommes sont plus précoces et s'y marient plus jeunes, que dès-lors il convient de réduire à vingt-huit ans seulement, la durée d'une génération, ce nouveau calcul donnerait encore *neuf mille cinq cent quarante-huit ans.*

Le même auteur cite d'autres faits pour prouver la haute antiquité de l'Egypte. Les prêtres étudiaient l'astronomie ; leurs temples étaient autant d'observatoires où l'un d'entr'eux veillait alternativement. Ce prêtre devait ainsi passer une partie de la nuit en prière, et l'autre à observer les astres. Les observations étaient recueillies sur des livres à cet effet ; or, d'après le calcul des prêtres, calcul puisé dans les révolutions solaires qui, disaient-ils avaient eu lieu deux fois, c'est-à-dire que le soleil s'était levé deux fois là où il se couche, et couché deux fois là où il se lève, il y avait eu *vingt-cinq* périodes sothiaques de 1461 années chacune, temps de la révolution de deux années solaires, la vague et la fixe, et après lesquelles les deux années recommençaient le même jour Ce calcul était rapporté dans les anciennes chroniques, d'après lesquelles la durée du règne de leurs dieux et de leurs rois aurait été de 36,525 ans.

Les recherches des célèbres naturalistes de notre siècle, prouvent que les versions des auteurs arabes doivent être considérées comme des fables, mais elles sont favorables à l'opinion de M. Champollion, et à celle de nos savants auteurs modernes, sur la haute antiquité des dynasties qui régnèrent sur l'Egypte, ainsi que nous allons le démontrer.

La justification d'un tel nombre d'années ne pourrait être faite que par de savants astronomes ; nous qui sommes totalement étranger à cette science, nous nous bornerons à dire que le seul document qui présente quelque certitude, c'est la liste de Manéthon, rapportée par Champollion-Figeac, page 269, mentionnant une série de trente-une dynasties, qui ont régné sans interruption en Egypte, depuis l'an 5867, jusqu'en l'an 331 avant l'ère chrétienne, époque où ce pays fut conquis par Alexandre. Ce qui fait un espace de 5,536 années, pendant lesquelles régnèrent 353 rois, dont cette liste donne les noms et les origines et où ne se trouvent compris ni les noms, ni le nombre des rois de la XVe dynastie, qui était Thébaine, et dont la durée fut de 250 ans.

Vers l'an 2173 avant notre ère, Abraham vint en Egypte avec sa famille ; 206 ans après, Joseph devint le ministre d'un des rois pasteurs qui avaient envahi cet empire sur lequel ils régnèrent pendant 260 ans, tandis que les rois légitimes de la XVIIe dynastie s'étaient retirés dans la Nubie.

Aménophis Ier, roi de la XVIIIe dynastie, parvint à chasser ces barbares, et à rétablir l'ancien gouvernement de l'Egypte.

Les précieuses découvertes de Champollion viennent corroborer les listes de Manéthon ; elles nous donnent les noms de plusieurs rois des Xe, XIe, XII, XIII, XIV, et XVIe dynasties, qu'il a lus sur des stelles, dans divers Musées de l'Europe, et qui sont parfaitement en rapport avec ceux donnés par Manéthon.

Ces listes seraient donc le monument le plus authentique de la suite des rois qui régnèrent sur l'Egypte ; car, la table d'Abidos qui donne le nom du roi Mérenthés (XVe dynastie, 2,500 ans avant notre ère), et la suite des seize dynasties qui la suivirent, laisse une lacune pour les quinze premières que la vieille chronique de George-le-Syncelle, ne peut remplir d'une manière satisfaisante.

« On a reconnu dans les ruines des plus anciens monuments de Thèbes, dit Champollion, où il sont employés comme matériaux de construction, des débris d'édifices portant sculpté le nom d'un *des rois de la XIe dynastie*; dès cette même époque, en effet, et quelque reculée qu'elle soit, en arrière des origines de nos annales occidentales, les monuments contemporains où sont inscrits les noms de ces vieux rois, *surgissent des entrailles de la terre, et viennent, de leur antique autorité, corroborer et mettre hors des atteintes du doute, les monuments des temps postérieurs, où ces mêmes rois sont inscrits par les mêmes noms, et pour les mêmes époques*. (Les listes de Manéthon et les Stelles royales. Succession admirable de témoignages originaux en faveur de l'identité des hommes, des temps et des événements. »

Nous laissons au lecteur judicieux, le soin d'apprécier ce que nous venons de citer ; pour prouver la haute antiquité d'un peuple qui, déjà, 5867 ans avant notre ère, nous apparaît avec sa civilisation, ses lois, ses mœurs, ses villes, ses rois et ses dieux.

Notre intention n'étant point de soutenir sur un tel système les débats qui pourraient être soulevés par ce que nous venons de dire, nous déclarons ici que nous avons seulement cru que ces notions, extraites des ouvrages des savants que nous avons cités, ne seraient point sans intérêt pour nos lecteurs, et si nous les avons rapportées, c'était seulement pour en conclure qu'il serait difficile, jusqu'à ce jour, d'assigner une date certaine à la fondation de la ville de Memphis.

Quoiqu'il en soit de l'antiquité de cette capitale, il est constant qu'elle était placée au bord ou peut-être sur le lac Méris, au temps de son plus grand lustre. La plaine des Momies était au nord du lac, et le Nil à l'est ; quelques-unes des Pyramides sont au-delà de la plaine ; divers canaux provenant de la conduite des eaux du lac ou de leur écoulement, coupaient les champs dans diverses directions, et devaient nécessairement présenter autant d'obstacles On ne pouvait franchir le lac sans une barque ; il en était de même des canaux et du fleuve. En admettant qu'on y eût amené un guerrier, mort sur l'autre rive, on pourrait ainsi s'expliquer les fictions des passages du Styx, de l'Achéron, du Cocyte, etc.

Le lac Méris est aujourd'hui encore appelé *Birque de Caron*; près du lac, existe un château nommé château de *Caron* (L'abbé Lemascrier.) Il faut en convenir, voilà des noms qui prêtent beaucoup à la fiction des Grecs, et peuvent prouver la justesse de nos interprétations.

Nous avons déjà dit que plusieurs barques sont représentées sur la caisse de notre Momie; celles qui figurent à la partie supérieure du couvercle, sont montées par le dieu Osiris ou le soleil, pour marquer sans doute la marche de la lumière ou du soleil au-delà des mers.

Tandis que le passage du lac Méris, aurait donné lieu à la fiction du Styx, celle dont nous avons parlé dans l'explication du IXe tableau, symboliserait le passage de l'Achéron ou du Cocyte, cité par tous les auteurs Grecs.

Les trois chiens qui gardaient le cimetière ont prêté admirablement à l'invention du Cerbère, ainsi que nous l'avons déjà dit; et, il est évident que le Dante a décrit les divisions du champ des morts et des gardiens des cercles, de façon à y faire connaître celles que les Grecs ont données aux Champs-Elysées.

L'on nous pardonnera, en raison de son utilité, une récapitulation indispensable à l'intelligence du lecteur, mais dans laquelle nous serons forcé de faire quelques répétitions des faits qui ont servi de base à la mythologie des Grecs, et qui doivent nous prouver qu'ils ont tout emprunté aux Egyptiens.

Osiris et Isis, les divinités du jour et de la nuit, ont été adorés sous différents noms par tous les peuples de la terre. Hercule, Apollon, Bacchus, Adonis, ne sont autres que le soleil, qui, sous le premier nom, parcourt dans une année les douze signes du zodiaque, ce qui fut appelé les douze travaux d'Hercule. Diane, Hecate, ne sont autre qu'Isis ou la lune. Ainsi les anciens peuples divinisèrent les astres et les planètes qui exerçaient une si grande influence sur la terre et sur la vie. On voit que cette mythologie, que j'appellerai céleste, est absolument la même pour tous ces anciens peuples.

Passons maintenant aux rapports qui existent entre les croyances religieuses et les cérémonies.

Dans le premier tableau, on offre en sacrifice deux boucs, pour obtenir la protection des dieux funèbres.

Ulysse offre un sacrifice, ainsi que Thérésias le lui avait ordonné, et tandis que la flamme s'élève vers le ciel, il évoque les mânes de ses malheureux compagnons qui n'avaient pas reçu les honneurs funèbres, afin que, ce pieux devoir rempli, les dieux lui accordent un heureux retour dans sa patrie.

La Sibylle de Cumes exige d'Enée, qu'il fasse un sacrifice sur la côte, pour apaiser l'âme d'un de ses compagnons, mort pendant son voyage.

Les Romains ne sont pas restés en arrière de cet usage, et nous voyons dans l'histoire les nombreuses offrandes et les hécatombes faites aux mânes de monstres, tels que Néron, Caligula, Domitien, etc.

Dans le deuxième tableau, deux magistrats reçoivent le témoignage de plusieurs personnes pour rédiger l'histoire du mort, certificat sans lequel il ne pourrait obtenir l'entrée des Champs-Elysées.

Champollion dit, qu'en outre de cette espèce d'enquête, il s'en faisait une autre plus solemnelle : c'était celle de l'exposition du corps. Le défunt était placé sur un lit de parade, et pendant que ses parents et ses amis venaient assister au panégirique prononcé par l'un d'eux ou par un prêtre, si une voix du peuple s'élevait contre ces éloges, si cette voix dénonçait et prouvait des crimes inconnus, les juges et les jurés prononçaient la condamnation, le mort était privé des honneurs funèbres, et le peuple battait des mains pour applaudir à cet acte de justice dont les parents ne pouvaient appeler Quarante-deux jurés étaient constammemt présents à l'exposition du corps d'un roi, que le peuple pouvait aussi condamner ou absoudre La tombe même n'était pas un asile assuré pour les princes, et plusieurs ont été exhumés ignominieusement, et ont eu leur inscription martelée avec soin pour la faire disparaître, par suite de la découverte de quelque crime, connu long-temps après la mort.

Telle était la rigueur d'un tribunal aussi sévère pour le prince que pour le peuple ; ce dernier, du reste, étant juge ou du moins accusateur.

Dans le tableau qui suit, notre héroïne fait valoir le certificat qu'elle vient d'obtenir, et qu'elle semble déposer aux pieds d'un autre magistrat qui doit prononcer en dernier ressort sur sa destinée. L'autorité de ce juge était immense ; car, les auteurs anciens disent que, lorsqu'on portait à ses pieds le corps du pauvre, si le témoignage du peuple ne lui était pas favorable, le juge apostrophait le malheureux, et le repoussant du pied, il lui disait : *Retire-toi, vilain porc.* Le mauvais Génie le roulait avec ses bâtons dans une fosse, où la terre même lui était refusée.

D'après cet exposé, qui ne reconnaîtra ici, Eaque, Rhadamante et Minos, les trois juges de l'enfer des Grecs ?

Quant à ces trois magistrats ou juges, dont tous les auteurs ont parlé, peu sont d'accord sur le rôle important qu'ils ont joué pendant leur vie, et qui sans doute, dut être celui de juges intègres, pour leur mériter une attribution qui doit durer jusqu'à la fin des siècles. Peut-être aussi, comme l'a pensé Fénélon, l'idée de ces trois juges, vient-elle de quelque bon roi, qui rendait lui-même la justice, et terminait les différents qui s'élevaient parmi son peuple, ayant pour assesseurs deux de ses ministres.

Il fallait, comme nous l'avons déjà dit, traverser le lac Méris pour arriver à la plaine des Momies Ce lac, dont les Grecs ont fait le Styx, s'appelle encore *Birque de Caron*. La profession de Nautonier n'étant point gratuite, il fallait nécessairement payer le patron; de là sont venues les fictions du passage de la barque, et du salaire de Caron, ce fameux *denier*, sans lequel il eût repoussé le mort et refusé de le passer (1).

Nous avons assez expliqué l'allégorie du Cerbère, par les trois chiens qui gardaient l'entrée des Champs-Elysées, et il est évident que la *Divina Comedia* du Dante a été empruntée à la division des cercles de ces lieux.

Les auteurs Grecs ayant parlé de trois principaux fleuves à traverser, nous croyons, pour ne rien laisser à désirer, devoir les expliquer par l'examen des lieux que les morts, chez les Egyptiens étaient obligés de parcourir, et par la description de ceux où on les déposaient. Ces fleuves étaient le Styx, l'Achéron, le noir Cocyte.

Le premier a été expliqué par le passage du lac Méris. Il faut supposer que le second figurerait la traversée du Nil, ou l'un des canaux qui servaient à l'écoulement des eaux du lac, et qu'il fallait traverser pour porter les morts, soit à la

---

(1) Voilà sans doute l'origine du dicton qui subsiste encore, en parlant d'un dissipateur : Il ne laissera pas de quoi payer son passage.

plaine des Momies, soit aux Pyramides (1), soit même à cette vallée de Biban-El-Molouk, dont nous avons déjà parlé, et dont Champollion a donné une si savante description, en même temps que des tombes royales qu'elle renferme.

Il est peut-être plus difficile d'expliquer le passage du dernier des trois fleuves. Nous ne serions pas surpris qu'un peuple qui chérissait tant les fictions et le merveilleux, ne l'eût ici un peu forcé. Quoiqu'il en soit, nous essayerons de justifier l'allégorie, soit en exposant le mode de construction des tombes dans la plaine des Momies, soit en renvoyant le lecteur à la description de celles de la vallée de Biban-El-Molouk, donnée par Champollion.

« Vis-à-vis le bourg de Manof, en tirant vers » l'ouest, dit M. Lemascrier, est située la plaine » des Momies; elle peut avoir quatre lieues de » largeur; son fond est un rocher plat, qui » autrefois était couvert par les eaux de la mer, » et qui se trouve aujourd'hui sous cinq à six » pieds de sable. »

C'est dans ce rocher que ceux qui n'avaient pas le moyen de faire bâtir des Pyramides pour enfermer leurs corps après leur mort, et s'assurer

---

(1) M. le baron de Margueritte, qui a voyagé dans ce pays, me fait l'honneur de me dire que cette fiction pourrait s'appliquer au passage des canaux antiques qui sont de l'autre côté du village de Memf, que d'autres ont appelé Manof, et que l'on croit dériver de Memphis.

par là un repos dont nous savons que les anciens Egyptiens faisaient un si grand cas, trouvaient à moins de frais, des asiles qu'ils se persuadaient devoir être à l'abri de la fureur et de l'impiété des hommes, et de plus, garantir le retour de leurs âmes dans leurs corps, par le fait de l'inviolabilité de leurs tombes. Dans cette vue, ils avaient choisi un endroit de cette plaine, d'où il fallait commencer par enlever sept à huit pieds de sable mouvant, ce qui n'était pas un ouvrage peu difficile. En effet, pour en venir à bout, il était nécessaire de se servir d'une espèce de cuve sans fond, de sept à huit pieds de haut, qu'on enfonçait jusqu'à ce qu'elle touchât le roc, qui se trouvait sous le sable. On vidait ensuite tout le sable dont la capacité de cette cuve était remplie, et pour empêcher qu'il n'y rentrât, on ne négligeait rien pour bien boucher le fond de la cuve.

On comprend sans peine qu'il fallait souvent employer plusieurs jours à cette seule opération, le sable étant si fin qu'il s'insinuait, comme l'eau ou l'air, partout où il trouvait la moindre ouverture. Efin, après avoir vidé la place et l'avoir parfaitement nettoyée, on commençait à creuser dans le rocher un trou d'un pied et demi ou deux pieds de diamètre; et lorsqu'on était parvenu à la profondeur d'environ six ou huit pieds, on travaillait à élargir l'ouverture, et de là on pratiquait des chambres dans la pierre.

Nous avons cru que ces détails seraient de quelque intérêt pour le lecteur, en outre qu'ils devenaient indispensables pour l'intelligence de ce qui nous reste à dire. Il n'est pas douteux qu'à mesure que le nombre des morts d'une famille croissait, en proportion des membres qui la composaient et de la durée du temps, il fallait pratiquer dans le rocher de nouvelles petites chambres ; le passage destiné à y conduire devait par conséquent se prolonger, et la galerie souterraine acquérir par la suite des siècles, une étendue de plusieurs centaines de pas.

L'auteur que nous citons nous montre la vue intérieure d'une chambre mortuaire ; les Momies sont rangées de chaque côté du mur ; celle du chef de la famille, occupe le centre. Près la tête de chacune, se trouve l'urne canope, dans laquelle sont embaumés le cœur et les instestins ; aux pieds, sont placées des *stelles*, couvertes d'inscriptions hiéroglyphiques ; et contre les parois des murs, à quatre pieds de hauteur, est représenté le fameux scarabée

L'ouverture du souterrain était hermétiquement fermée par une pierre de la même nature que le rocher, et tellement bien ajustée que les joints en étaient imperceptibles, et que le sable ne pouvait s'infiltrer dans le caveau. Bientôt, cette entrée était naturellement masquée par le sable, qui reprenait son niveau dès que l'on avait enlevé la cuve. Du reste, point d'inscriptions, point de signaux pour indiquer la place où se trouvait l'entrée de cette sépulture. La famille seulement le savait, et c'était un secret gardé avec soin, qu'à telle distance de deux points donnés, et où les lignes prolongées se croisaient, était la pierre qui fermait le tombeau.

Il est facile de concevoir, d'après ce que nous venons de dire, que pour arriver aux chambres souterraines, qui quelquefois étaient à une très-grande profondeur et à une fort grande distance de l'ouverture, il fallait parcourir de longs caveaux, noirs et humides, peut-être, parfois, remplis d'eaux de filtration, et naturellement s'éclairer de torches ou de flambeaux, comme les voyageurs qui visitent les catacombes de Naples, ou le théâtre d'Herculanum.

Voilà, nous le croyons du moins, ce qui a pu donner lieu à la fiction du passage du noir Cocyte, qui est le troisième de la fable ou de la mythologie des Grecs.

La même remarque pourrait être faite pour les corps qui étaient placés au centre d'une pyramide, dont les corridors étaient totalement privés de lumière En décrivant les tombes royales de la vallée de Biban-El-Molouk, auxquelles chaque roi faisait travailler dès le commencement de son règne, ayant soin de faire peindre ou exécuter en bas-reliefs, les principaux évènements de sa vie, dans de longues chambres qui se succédaient les unes aux autres, à mesure que son règne se prolongeait. M. Champollion fait observer que, s'il est des tombes qui se bornent à deux ou trois chambres seulement, dont la profondeur n'est en totalité que de trente à quarante mètres, il en est qui en ont jusqu'à quatre cents.

Plusieurs souscripteurs ayant témoigné le désir que notre lettre du 14 octobre 1843, insérée dans la Gazette du Bas-Languedoc, et adressée à M. J. Reboul, notre poète, fût jointe à cet ouvrage, nous nous sommes empressé de satisfaire à leur demande :

Nimes, le 14 octobre 1843.

A Monsieur J. R.....

Vous avez été si bon, si indulgent; vous m'avez paru prendre un si vif intérêt à l'explication des peintures qui ornent la caisse d'une momie; vous avez eu la bonté de me dire des choses qui ont tant de valeur dites par vous, que j'ose espérer que vous me pardonnerez, Monsieur, de vous adresser cette lettre.

Il y a deux jours que M. Lenormand, membre de l'institut et l'un des savants les plus distingués de France, me fit l'honneur de visiter mon Musée, dont il convint que la richesse était extraordinaire. Il était naturel que je lui fisse l'explication des belles peintures qui ornent le sarcophage égyptien Il parut d'abord adopter mes interprétations; mais étant arrivé au n° III, il me dit : « M. Perrot, » ce que vous prenez pour une figure de femme

» est celle d'un homme, la première est toujours » représentée par la couleur blanche, et celle » que nous voyons ici a la couleur brun rouge. »

Je me permis de lui faire observer que je trouvais bien extraordinaire de rencontrer une figure d'homme dénuée de la barbe tressée, qu'ont toutes les autres figures représentant le même sexe, et plus extrordinaire encore, que son costume eût tous les détails de celui d'une femme, ce qui prouverait, du reste, l'erreur de M. Lenormand, c'est que le n° XII représente, ainsi que je l'ai dit dans ma Notice, « un mort, illus» tre placé sur un lit de parade » ; ce mort, qui a les insignes d'un grand prêtre, *a la figure blanche et porte une barbe noire tressée.*

Nous croyons devoir proclamer ici notre gratitude pour l'honneur que cet illustre savant a bien voulu nous faire, car nous lui devons la connaissance du nom du grand prêtre dont nous venons de parler, *Atéphinofré*, *scribe attaché au service du temple d'Amon*, *à Thèbes.*

Cette précieuse découverte vient nous donner le nom du pontife dont notre héroïne était la veuve en même temps qu'elle justifie l'explication que nous avions donnée du XIIe tableau.

L'explication du VIIIe tableau me parut vous faire tant de plaisir que je me permets de la reproduire ici, d'autant plus qu'elle fut aussi le sujet d'une remarque de la part de M. Lenormand.

« Disons d'abord que chaque congrégation (et l'Egypte était alors toute congréganiste), chaque tribu, chaque classe, chaque corps, appartenait à un ordre qui avait pour chef ou pour patron l'un des dieux ou des demi-dieux dont leur paradis était peuplé.

» Ce tableau est une allégorie des Ibis, des Anubis, des signes hiéroglyphiques, des Amulettes, etc.

» Une grande figure de femme nue, touchant à terre, avec les pieds d'un côté, et avec les mains de l'autre, décrivant ainsi un arc irrégulier, est soutenue par trois figures ayant divers attributs ; un fleuve est couché à terre dans l'attitude qu'on donne ordinairement à cette représentation. »

Vous aurez remarqué, Monsieur, que cette dernière est couleur vert-d'eau et qu'elle porte une barbe.

« J'ai cru reconnaître dans ce tableau la représentation de l'Egypte soutenue, protégée par ses génies et fertilisée par le Nil. En effet, ce fleuve, dont les pieds finissent avec ceux de l'Egypte, c'est-à-dire qu'ils atteignent la mer, a un bras dirigé au-delà de cet empire vers des ondes dont la source est inconnue.

» Il faut convenir au moins que l'artiste qui a décoré ce superbe monument avait des connaissances géographiques, puisqu'il a eu le soin de donner au fleuve une plus grande étendue qu'à l'Egypte elle-même.» Or, cette observation seule détruirait l'objection du célèbre visiteur dont je vous ai parlé, et qui me fit l'honneur de me dire que *la figure à laquelle je donnais le nom de l'Égypte* « était la représentation du ciel. » Il faudrait en conclure que le ciel ne couvre qu'une partie du cours du Nil et qu'il est du sexe féminin.

Il est peut-être bien téméraire à moi, égyptologue d'un jour, d'oser relever les erreurs d'un homme aussi hautement placé dans les sciences; mais M. Lenormand, ayant lui-même pris plaisir à divulguer notre conversation, ne saurait m'en vouloir de mes efforts pour justifier mon opinion.

J'ai reçu les trois premiers volumes du *Dictionnaire des Hiéroglyphes*, *de M. Champollion*, que M. le Ministre de l'instruction publique m'a fait l'honneur de m'envoyer Dès que j'aurai l'ouvrage entier et si je suis assez heureux pour interpréter quelques-uns des signes symboliques et hiéroglyphiques qui doivent être la légende des peintures qui ornent le sarcophage, je vous demanderai la faveur de vous les communiquer.

Pardonnez-moi, je vous prie, d'avoir osé vous adresser cette lettre; si mon hardiesse vous paraît téméraire vous ne devez vous en prendre qu'à vous, Monsieur, dont les paroles furent si bienveillantes et si propres à m'y encourager.

Agréez, etc.

PERROT.

Nous ajouterons ici qu'au moment où notre *Essai sur les Momies* était presque terminé, nous avons eu la visite de l'Inspecteur général des études, M. Matter, qui, les 28 et 29 juin dernier, est venu entendre l'explication de notre Momie ; cet homme savant, qui s'occupe avec succès de la science des égyptologues, non-seulement nous a fait l'honneur de nous questionner sur diverses interprétations, mais encore nous a exprimé, avec bonté, son entière satisfaction des solutions que nous lui avons données.

J'ai cru devoir rendre public le témoignage d'un homme si avantageusement connu dans le monde scientifique, et qui attache un si grand prix à nos précieuses découvertes.

DES IDOLES.

La plupart des figures d'Idoles que nous possédons, soit en bronze, en pierre, en bois ou même en terre cuite émaillée, représentent : Apis sous la forme du bœuf, Orus sous la figure de l'homme, Isis sous celle d'une femme coiffée d'un boisseau, Anubis ayant la tête d'un chien levrier, Ibis portant le bec d'une cigogne, Osiris ayant celui de l'épervier. Enfin, le serpent ou l'Aspic, le Scarabée, le Chat, le Lézard, l'Ichneumon, l'Hippopotame, le Crocodile, le Hibou, etc, formaient une suite d'Idoles du second et du troisième ordre (1).

(1) Voir dans notre collection toutes ces Idoles classées sous le n° 259.

Ce qui nous paraîtra extraordinaire, c'est que ces monstres, dans la nomenclature desquels nous avons omis le Chakal et le Singe, avaient des temples; et que des prêtres, ayant de nombreux diacres et sous-diacres, et des serviteurs subalternes pour le service du temple, étaient attachés aux cultes de tels dieux.

Un savant célèbre de la Grèce, qui visitait l'Egypte, du temps d'Hérodote, parvint à grand' peine à obtenir de l'un des prêtres d'un temple, de voir le dieu qu'on y adorait; le prêtre, après bien des difficultés, mais surtout après une infinité de jongleries, pour expier l'impiété qu'il allait commettre, finit par soulever le rideau qui cachait le fond du sanctuaire. Quelle ne fut pas la surprise du savant curieux, de voir un énorme Lézard se vautrer sur de riches tapis et de magnifiques coussins tendus et placés pour son usage. Il apprit que ce dieu avait pour son service, des officiers de bouche, qui veillaient à sa nourriture, et lorsqu'il voulut témoigner sa surprise d'une telle idolâtrie, on lui répondit : Ce n'est pas cet animal que nous adorons, il n'est que la figure, le symbole de telle divinité qui est au ciel, placée parmi les constellations, et de l'influence de laquelle dépendent tous nos biens.

Telle était la religion des Egyptiens, pour les animaux que nous venons de signaler, qu'il est peu de tombes où l'on n'en trouve d'embaumés et emmaillotés avec des toiles, comme des Momies.

Il existe dans les montagnes voisines de Béni-Assan-el-Amar, un temple dédié à la désse Pascht Diane (Bubastis), qui est une véritable nécropole de chats embaumés comme les momies, les uns accouplés, les autres isolés. Ceux d'un rang distingué sont déposés dans des petites loges particulières (Champollion).

Quant aux figures en terre cuite, celles qui ont la forme d'une Momie, et il en est de très-fines gravées et sculptées avec soin, et ordinairement couvertes de hiéroglyphes, nous avons toujours pensé qu'elles étaient les portraits des personnes dont les Momies venaient d'être déposées dans la tombe, que leur inscription portait avec le nom et le titre de l'individu, une prière, et qu'elles devaient être distribuées aux parents du mort, comme un souvenir, et une image de lui-même.

Les Stelles sont des pierres, pour la plupart de forme cintrée, couvertes d'inscriptions hiéroglyphiques ; les plus curieuses sont celles où il y a de grandes figures intercalées parmi les caractères, comme dans nos rébus (n° 255).

Les Canopes, comme nous l'avons déjà dit, sont des vases ou urnes cinéraires, où étaient renfermés le cœur et les entrailles du mort ; elles portent aussi une inscription qui doit être une prière ; le couvercle du vase désigne, par sa forme, à quelle congrégation ou à quel mystère appartenait le défunt (248 et 249).

Les manuscrits en Papyrus se composent de feuilles très-minces, de la tige de la plante qui porte ce nom ; cependant ceux que nous possédons semblerait être la seconde écorce de l'arbre ; joints ensemble, ils sont couverts d'hiéroglyphes, écrits avec de l'encre noire (250 et 251).

Celui dont nous avons trouvé les débris dans la caisse de notre Momie, nous a paru de nature à fixer notre curiosité. Il est peint de diverses couleurs, ayant de grandes figures ressemblant à des squelettes qui déploieraient un manteau pour se montrer à nu. Celle-ci a la figure humaine, tandis qu'une autre rappelle les formes du singe, du chien ou du lion, ete., etc ; le tout accompagné de caractères hiéroglyfiques.

NOTICE

DU

MUSÉUM PERROT.

Tant de personnes nous ont fait l'honneur de souscrire pour notre petit Ouvrage, même sans que nous les en eussions priées ; elles ont paru prendre un si vif plaisir à entendre nos explications et à admirer les richesses de notre Musée, que nous croyons leur être agréable en joignant à cet Essai sur les Momies, une Notice sommaire des objets qu'il renferme. Nous leur offrons ainsi le moyen de se les rappeler à leur souvenir.

COLLECTION ROMAINE.

MARBRES ANTIQUES.

Statues et Bustes.

N° 1. *STATUE DE VÉNUS*, h. 1 m. 47 c.

N° 2. *Apollon à la lyre*, hauteur 1 m. 14 c.

N° 3. *Prêtresse de Cérès*, hauteur 1 mètre.

N° 4. *BACCHUS*, hauteur 1 mètre 5 cent.

N° 5. *APOLLON AU CARQUOIS*, hauteur 1 mètre 5 cent.

N° 6. *Statue d'une Vestale*, hauteur 1 m. 33 c.

N° 7. *LE FAUNE AUX RAISINS*, hauteur 0 mètre 57 cent.

N° 8. *Une Bacchante*, hauteur 0 m. 58 cent.

N° 9. *Statue d'Orphée*, terre cuite, par *Coustou*, de Montpellier hauteur 1 m. 25 cent.

N° 10. *Education de Bacchus*, groupe.

N° 11. *Cupidon dans la tunique d'Hercule.*

N° 12. *Statue sans attributs*, h. 0 m 82 cent.

N° 13. *AGRIPPINA, FEMME DE CLAUDE ET MÈRE DE NERON*, h. 0 m. 86 c.

N° 14. *Vénus au dauphin*, hauteur 0 m. 95 c.

N° 15. *STATUE DE JULIE*, h. 0 m. 87 cent.

N° 16. *Torse*, hauteur 0 mètre 48 cent.

N° 17. *Petite Statuette de Vénus*, hauteur 25 c.

N° 18. *BUSTE COLOSSAL DE L'EMPEREUR COMMODE*, h. 1 m. 05 cent.

N° 19. *BUSTE DE JULIA CORNELIA PAULA.*

N° 20. *BUSTE DE CYBELLE* (Colossal).

N° 21. *TETE DE FAUNE* (Colossale).

N° 22. *BUSTE QUE L'ON CROIT ÊTRE SENÈQUE.*

N° 23. *Buste d'un jeune Prince romain.*

N° 24. *Terme.*

N° 25. *Autre Terme.*

N° 26. *BUSTE DE LUCIUS VERUS.*

N° 27. *Buste d'une Jeune Fille.*

N° 28. *Buste de Pallas.*

N° 29. *Buste d'un Jeune Homme.*

N° 30. *Tête de Jupiter.*

N° 31. *Buste de Julia Maméa.*

N° 32. *Buste de Julia Mésa.*

N° 33. *BUSTE DE SAPHO* (Grec.)

Quel est l'artiste ? à quel ciseau devons-nous ce chef-d'œuvre de sculpture grecque ? « Ce » morceau serait remarqué même au Musée de » Florence », me disait un jour M. le Marquis d'Arbaud-Jouques, qui venait précisément d'arriver de la capitale du Grand-Duc. Et plusieurs membres de la commission du Musée Calvet, convinrent que ce beau buste qui, pour le faire et la pureté d'exécution peut être comparé à la belle tête sans nez d'Arles, est cependant préférable à cause de sa parfaite conservation.

En effet, ce buste est complet, la couronne de laurier, dont plusieurs feuilles sont tout à fait détachées, est parfaitement imitée : les cheveux, le bonnet, les liens, les tresses, tout les détails sont d'un fini d'exécution. Enfin, le profil de la figure, la pureté des lignes, le sein, les draperies, en font un morceau admirable, et ce dernier titre ne saurait lui être contesté.

Plusieurs personnes ont pensé que c'était un buste de Sapho; d'autres, que c'est celui de la Nymphe Uranie : quoiqu'il en soit il faut convenir que cette œuvre peut être considérée comme étant la sœur de la Diane d'Arles.

« J'ai étudié les médailles de Mitylène, m'écrit » Monsieur d'Arbaud-Jouques, sur ces médailles » se trouve représentée la tête de Sapho, mais, » j'ai remarqué que cette tête est loin d'être » aussi belle que votre buste; ce qui me fait » présumer que ce serait plutôt celui d'Erine, » rivale de Sapho; comme cette dernière, elle » remporta plusieurs fois le prix du poème. »

M. Reboul, notre illustre poète, me disait il y a peu de jours: « Un auteur italien vient » de prouver qu'il y avait eu deux Sapho, l'une » si célèbre par sa fin tragique (elle fit le saut » de Leucate), l'autre qui, par ses poésies et » sa grande beauté, mérita d'être surnommée » la Muse de l'île de Lesbos. »

« Qu'importe Sapho ou Erine, me dit M. » le Comte de Luppé, si ce buste réunit toutes » les perfections de l'art et s'il est le chef-d'œuvre » de l'un des plus habiles sculpteur de la Grèce; » moi, habitué à voir, je déclare qu'il n'existe » rien au monde qui m'ait fait autant de plaisir: » il y a dans cette tête une expression si spiri- » tuelle, si fine, qu'il serait impossible de la » définir. Le célèbre artiste, dont le ciseau pro- » duisit un tel ouvrage, ne voulut pas sans doute » idéaliser une divinité en lui donnant des per-

» fections rarement réunies dans la nature ; il
» fit mieux, il fit un portrait qui n'est pas idéal
» et qui cependant est la beauté même, et auquel
» il sut donner la vie, prête à sourire, elle va
» parler. »

N° 34. *Tête de Vénus.*

N° 35. *Tête d'un Enfant*

N° 36 et 37. *Têtes inconnues.*

N° 38. *Vénus ou Diane.*

N° 39. *Tête casquée.*

N° 40. *Tête d'un guerrier.*

N° 41. *Tête portant une perruque.*

N° 42. *Tête de Satyre.*

N° 43. *Masque.*

N° 44. *Statuette en marbre.*

N° 45. *Tête de pleureuse.*

N° 46. *Tête d'Ange* (moyen-âge).

N° 47. *Torse d'un Jeune Homme.*

N° 48. *Jolie Tête d'amour servant de fontaine.*

N° 49. *Petite Tête inconnue.*

N° 50. *Figure ayant appartenu à l'ornement d'un monument d'architecture*

N° 51. *Petite tête d'une Vénus.*

N° 52. *Fragment d'une Statue d'Hercule.*

N° 53. *Tête ayant appartenu à un bas-relief.*

N°s 54, 55, 56, 57, 58, 59, *Têtes inconnues.*

N° 60. *Une Tête inconnue en marbre noir.*

N° 61. *Figure d'une Bacchante.*

N° 62. *Tête qui ressemble assez à la femme de l'Empereur Macrin.*

N° 63. *Tête de Jeune Homme inconnu.*

N° 64. *Un pied chaussé du Cothurne.*

N° 65. *Un Pied nu.*

N° 66. *Une main tenant des fruits.*

N° 66. *(bis).*

Extrait de la Gazette du Bas-Languedoc, *du* 21 *avril* 1844.

« Une découverte qui ne manquera pas d'exciter l'intérêt des archéologues vient d'être faite dans la cave d'une maison de notre ville. Un bas-relief des plus remarquables y a été trouvé appliqué à l'un des murs.

» Quatorze ou quinze cents couches de blanc de chaux formant quelquefois jusqu'à huit lignes d'épaisseur, avaient tellement comblé les parties creuses de ce beau travail, que sur six figures qui composent la scène admirable du bas-relief, on en découvrait à peine trois. Ce n'est que par beaucoup de soins, et en employant l'eau chaude, qu'on a pu parvenir à ramollir ces différentes couches durcies par une suite successive de siècles.

» Sur le premier plan de ce bas-relief est un vieillard, la tête est chauve, la figure noble, la barbe longue ; épaisse, se mariant avec la moustache, à la manière du Moïse de Michel-Ange. Appuyé d'une main sur le manche d'une faux, de l'autre il soulève le voile qui couvrait une femme nue ; à ses pieds est le clepsydre.

» La femme est à moitié couchée, s'appuyant avec grâce sur sa main gauche qui soutient sa tête, ses doigts jouent avec les tresses de ses cheveux noués comme ceux de Vénus dont elle a tout le charme et toute la beauté ; la main droite semble vouloir retenir la draperie légère dont elle était couverte.

» On voit au second plan la tête de Minerve ; la déesse de la sagesse retire aussi d'une main le voile qui couvrait la nudité de la femme couchée. De l'autre côté de ce tableau, sont trois petits amours, dont l'un soutient les ailes du temps, tandis qu'un autre relève la draperie.

» Ce morceau, bien supérieur pour le faire à tous les bas-reliefs qui existent dans le Midi, est évidemment l'œuvre d'un bon maître ; nous ne prétendons pas assigner son âge, mais nous dirons que les personnages en sont bien dessinés, les têtes sont belles et les formes bien accusées, les extrémités bien terminées, les draperies légères; l'on n'y voit pas ces points noirs faits à la vrille, qui annoncent toujours la décadence de l'art. Les ailes du temps rappellent par la légèreté des barbes des plumes, les beaux aigles du palais de Plotine qui sont dans la Maison-Carrée.

» Il est peut-être plus difficile d'expliquer l'allégorie que l'artiste a voulu représenter, que de décrire son œuvre ; nous croyons cependant, sauf meilleur avis, qu'elle pourrait s'interprêter ainsi :

» La jeunesse, avec le temps et la sagesse, découvre la vérité ».

COLLECTION EN BRONZE.

Cette collection, dite *batterie de cuisine*, parce qu'en effet ce devait être les ustensiles dont on se servait dans les temples pour apprêter les viandes destinées aux prêtres et aux sacrificateurs, est la plus rare et la plus complète qui existe dans aucune ville de province : 1° par le nombre, 2° par la variété, 3° par la grandeur de quelques-uns des vases, 4° et enfin, par l'ornement, la richesse et la beauté des formes.

Elle se compose de 37 pièces.

N° 67. *Vase dit Prefericulum*, h. 58 c., larg. 50 c.

Ce beau vase, orné de trois anses, dont celle du milieu est décorée d'une figure et de doux lions, a le caractère égyptien.

N° 68. *Vase sur son trépied*, h. 55 c., larg. 36.

Ce vase curieux est complet, c'est-à-dire qu'il est fermé par un couvercle ; il est placé sur un trépied à griffes de lion, lequel est formé de plusieurs cercles en fer où se trouvent des têtes de chevaux et des voluttes sur lesquelles repose le vase.

Il a été trouvé à Pompéï, le 6 mars 1842, posé sur le fourneau de la cuisine, dans lequel était encore du bois réduit à l'état de charbon, qui avait été étouffé, sans doute, par les cendres du Vésuve, lors de l'éruption de l'an 79. Nous avons cru reconnaître du châtaigner dans ce bois carbonisé.

Nº 69. *Autre grand vase de cuisine avec anses.*

Nº 70. *Grande Coupe à anses.* (*Cratère.*)

Nº 71. *Autre grande coupe à trois pieds, servant au même usage.*

Nos 72 et 73. *Deux Vases à fleurs et à parfums.*

Nº 74. *Autre Vase semblable au nº 69.*

Peu de Musée pourraient offrir des Vases d'une aussi grande capacité que ceux que nous venons de signaler, mais surtout d'une aussi belle conservation.

Nº 75. *Seau à anses mobiles.*

Nº 75 *bis. Cempulium ou Vase pour les liquides.*

Nº 76. *Autre Cempulium à deux anses.*

Nº 77. *Autre Cempulium à une anse.*

Nº 78. *Coupe à deux anses.*

Nº 79. *Petite Coupe à anses.*

Nº 80. *Petit Vase pour le ménage.*

N° 81. *Griffe.*

C'est une histoire que tous les commentaires auxquels cet outil, quel qu'il soit, a donné lieu. Un journaliste de la capitale a cru retrouver ici cette fameuse main de fer avec laquelle on traînait les cadavres des gladiateurs morts sur le bûcher, pour les offrir en holocaute, etc.; mais les crochets dont il est armé nous ont paru trop faibles, et nous pensons qu'ils servaient plutôt à l'usage de la cuisine pour tirer les viandes du vase dans lequel elles cuisaient, ou pour rapprocher les tisons du feu.

N° 82. *Cempulium à anses.*

N° 83. *Plateau sur trois pieds pour servir.*

N° 84. *Cassolette sur trois pieds.*

N° 85. *Petit Vase à anse.*

N° 86. *Aiguière à anse.*

N° 87. *Sallière à trois pieds.*

N° 88. *Vase cempulium à anse.*

N° 88. *Plat ou Coupe.*

N°s 90 et 91. *Petits Puisards pour prendre l'huile*

Ce qu'il y a de remarquable, c'est que le premier trouvé à Naples, ressemble parfaitement, par l'ornement et la forme, au second trouvé à Nimes depuis peu.

N° 92. *Cempulium à anses et figures de béliers.*

Nos 93, 94 et 95. Ces trois Patères ou Casseroles à manche, ayant 18 pouces de long, sont les plus belles qui existent, et par la richesse des ornements et par la conservation.

Les manches sont formés d'une figure de Cariatide avec des béliers.

N° 96. *Lampe sur son chandelier.*

N° 97. *Chandelier ou support de lampe.*

Nos 98, 99. *Passoire.*

Ce petit meuble de cuisine est une des choses les plus curieuses qui existent; le manche, formé d'un lion qui mord et prend avec ses griffes l'orifice de la Passoire, a sur le dos un creux où se place le pouce; tandis que l'extrémité du manche recourbé sous le petit doigt et formé d'un bec de cygne, tient solidement à la main.

N° 100. *Autre Passoire en argent.*

N° 101. *Casserole où l'on remarque un grain en argent.*

N° 102. *Joli Seau à anses mobiles, ayant une tête de lion pour donner l'eau.*

N° 103. *Cempulium ayant une anse.*

L'examen de cette collection en bronze prouve jusqu'à quel point les arts étaient répandus chez les Romains et les Grecs. Chez le potier, il y avait de la sculpture et du dessin ; il y avait ce sentiment de l'utile joint à l'agréable, qui prouve le bon goût d'un peuple éclairé.

En examinant cette collection que l'on serait forcé de désigner par le titre peu archéologique de batterie de cuisine, on ne peut manquer d'être frappé des progrès de la civilisation et des arts chez les Romains ; en effet, quel nom donnerions nous au n° 95 ? Sa forme lui ferait donner celui de poêle ou de casserole ; ce meuble, même dans nos palais, est en cuivre avec un manche en fer fixé par quatre clous Voyez maintenant le numéro indiqué : c'est une figure cariatide, ayant les pieds appuyés sur une tête de bélier, et qui, avec ses deux mains, tient une base sur laquelle posent deux béliers et une palme qui joignent le corps du vase.

Le Cempulium 92, la Passoire 99, le Seau 102, etc, etc, sont des meubles qui n'ont point de parallèle chez nous.

N° 104. *Casque grec dit* de Minerve.

N° 105 *Casque romain à visière.*

N°s 106, 107, 108 *Trois jambières.*

N°s 109, 110. *Deux ceintures.*

N° 111. *Glaive.*

N° 112. *Couteau pour égorger les victimes.*

N°s 113, 114. *Fers de lances.*

N° 115. *Quatre petits dards pour garnir les flèches.*

FIGURES EN BRONZE.

N° 116. *Hercule aux pommes des Hespérides*, hauteur 12 pouces.

Cette figure tient dans la main gauche trois pommes, de la droite, elle s'appuie sur une massue.

La peau de la tête de lion recouvre sa tête, et le dessous de la machoire de cet animal vient former le col d'une chemise près la figure d'Hercule.

N° 117. *Neptune calmant les eaux*, h. 13 pouc.

La main droite levée, ce dieu semble commander à la mer; le reste de cette statue, la figure, la barbe, les draperies, la pose, tout rappelle Jupiter.

N° 118. *Mercure au repos*, hauteur 7 pouces.

N° 119. *Gladiateur*, long. dévelop. 20 p, h. 14 p.

La pose, le mouvement sont les mêmes que ceux de la fameuse statue de ce nom, dont celle-ci est une épreuve non réparée.

N° 120. *Tête de Diane.*

N° 121. *Hercule gaulois ou étrusque*, h. 7 p. 6 l.

N°s 122, 123. Idem. *La massue levée pour frapper*, hauteur 5 pouces.

N°s 124, 125. *Petites figures semblables.*

N° 126. *Idem.*

Il faut observer ici que, quoique fort multipliées, ces figures de dieu ne se ressemblent pas dans le mouvement : cette dernière ayant la massue dans la main gauche.

N° 127. *Psyché*, hauteur 8 pouces.

Cette jolie statue est tronquée au-dessous du genoux, et il y manque les bras.

N° 128. *Dieu que les Romains appellent le dieu ridicule*, hauteur 6 pouces.

N° 129. *Statuette d'un empereur.*

N° 130 Idem *de Jupiter.*

N°s 131, 132, 133, 134 et 135. *Petites Idoles.*

N° 136. *Un Bras drapé dont la main est fort belle.*

N° 137 Idem *tenant une Patère.*

N° 138. *Un bras tenant un manche.*

N° 139. *Un pied.*

Nos 140 et 141. *Massues.*

Ces six jolis fragmens supposeraient des figures de dix-huit pouces de haut; ils sont du plus beau travail.

No 142. *Ressort pour lancer la pomme.*

No 143. *Fléau de romaine.*

No 144. *Tête servant de poids à la romaine.*

No 145. *Autre poids formant un joli buste.*

No 146. *Autre plus petit.*

No 147. *Candelabre complet, mais fracturé en plusieurs pièces, il a trois pieds de griffons.*

No 148. *Une série de neuf clefs romaines.*

No 149. *Amulette pour la fécondité.*

Même motif que le no 128, il y a une partie du sautoir.

No 150. *Clochette.*

No 151. *Dragon en plomb, trouvé au Temple de Diane.*

Nos 152, 153, 154, 155, 156, 157, *Miroirs métalliques.*

No 158. *Trois Bracelets d'enfant.*

N° 159. *Un Sanglier.*

N° 160. *Un Bœuf Apis.*

Nos 161, 162. *Fibules en argent.*

Nos 163, 164, 165. *Fibules en bronze.*

N° 166. *Petite Lampe sur son trépied, trouvée tout récemment au chemin de Beaucaire.*

N° 167. *Lampe en bronze à deux becs.*

Nos 168, 169. *Lampes en bronze.*

N° 170. *Lampe en bronze à bec de cygne.*

N° 171. *Garde d'un poignard.*

N° 172. *Cassolette d'un Candelabre.*

N° 173. *Lampe en terre ayant la représentation des douze principales divinités en bustes.*

N° 174. *Lampe en terre, à palme, avec un autel funéraire.*

N° 175. *Vingt Lampes en terre ayant divers sujets.*

Ces lampes sont toujours trouvées dans les tombeaux romains, à côté et souvent dans l'urne avec des lacrymatoires et des médailles.

N° 176. Cette tête ou squelette de tête humaine a été trouvée à Pompéïa, dans la cave de la maison de Diomède, le peu de filet ou de réseau qu'on voit ici, faisait partie de celui qui retenait ses cheveux (6 mars 1842.)

VERRERIES ANTIQUES

—

N° 177. *Urne cinéraire à anses.*

Ce vase contient encore quelques fragments d'ossements humains, mêlés à de la cendre.

L'histoire est remplie de faits qui ne peuvent laisser aucun doute sur l'authenticité des os et des cendres qui sont renfermés dans les urnes ; Achille recueille avec respect les cendres de Patrocle dans une urne ; les Romains ont en tout suivi l'usage des Grecs , les chrétiens seuls ont enterré les corps sans les brûler ; dès-lors, les cendres que nous trouvons dans un vase sont Grecs ou Romains ; l'urne , les lampes , les lacrymatoires , les médailles , les amulettes et toutes ces petites choses qu'on trouve réunies dans le tombeau, sont de ces peuples. Comment avec ces faits , et en présence de la date indiquée par les médailles qu'on y trouve toujours , révoquer en doute l'existence du verre du temps des Romains, comme quelques auteurs ont voulu le supposer.

N° 178. *Autre Urne sans anse.*

N° 179. *Autre Urne très-grande et d'un effet d'irisation admirable.*

N° 180, *Autre Urne irisée , argent et azur.*

N°s 181, 182, 183. *Autres Urnes plus petites.* (1)

N° 184. *Urne en plomb.*

Ce vase, trouvé dans un tombeau en creusant pour le chemin de fer, renferme les débris d'une urne en verre, et une lacrymatoire (2). C'était sans doute un tombeau d'enfant; l'absence de toute inscription nous laisse ignorer ce fait qui semble ne se justifier que pour l'inspection des os et la petitesse de l'urne.

N° 185. *Fiole ou vase libatoire.*

POTERIE ROMAINE EN TERRE.

N° 198. *Urne Cinéraire en terre.*

Les urnes en verre étaient un objet de luxe. Les plus précieuses sont celles qui ont des anses.

---

(1) Notre Collection de verres antiques se compose de 15 grandes urnes et de 85 lacrymatoires, fioles pour les parfums, déjeûners et verres à boire, en tout 100 pièces, compris dans la série jusqu'au n. 197.

(2) On a donné, en général, le nom de lacrymatoire à de petites fioles qui ont la forme d'une larme qui tombe; il se pourrait que ce ne fût autre chose qu'un flacon destiné à renfermer un parfum précieux qui était répandu sur les cendres du mort lors de la cérémonie funéraire.

Nous en avons possédé qui en avaient des triples de chaque côté; elles avaient été trouvées à Beaucaire, dans la propriété de M. Antoine, médecin. Nous en possédions vingt de diverses dimensions, qui appartenaient à la belle collection que nous avons cédée à M. Th Blayds de Leeds; mais, tandis qu'avec ces belles urnes en verre, on trouve souvent la lampe en bronze. Avec l'urne en terre, on ne trouve qu'une lampe de la même matière, ainsi que les lacrymatoires, ce qui annonce que ces vases renfermaient les cendres de quelque obscur plébéien.

N° 199. *Deux Lacrymatoires en terre* (1).

N° 200. *Huit Fioles ou vase libatoire, trouvés dans les tombeaux.*

N° 203. Le vase qui porte ce numéro semble destiné à boire, et en effet, il est très-commode par la forme de son ouverture.

N° 204. Ce vase semblerait assez destiné à conserver des fruits confits.

N° 205. *Vase du bas-empire, en terre noire.*

N° 206. *Petite Tasse à anse avec ornements en relief.*

---

(1) Voir la note précédente sur la destination de ces petites fioles.

N° 207. *Tasse à deux anses.*

N° 208 *Tasse à une anse.*

N° 209. *Forme de Gobelet à deux anses.*

N°s 210, 211, 212, 213, 214. *Cinq tasses en terre rouge.*

Dont quelques-unes ont des ornements et les monogrammes de l'ouvrier.

N° 215. *Deux Amphores.*

Ces vases servaient absolument comme nos damejeannes, pour renfermer les vins et toutes sortes de liquides, mais principalement pour les premiers.

MÉDAILLES.

N° 216. La Collection de Médailles se compose de 400 pièces en argent, grecques, consulaires, impériales et moyen-âge.

N° 217. *Trois cents Impériales grand bronze.*

Il y a dans cette série beaucoup de revers rares; elles sont, pour la plupart, d'une très-belle conservation.

N° 218. *Deux cent quarante moyens et petits Bronzes rares et de belle conservation ; deux Médailles d'or.*

N° 219. *Bagues camées et Pierres gravées.*

Quatorze Bagues camées ou Pierres gravées avec sujets divers.

N° 220. *Vingt Pierres gravées, divers sujets.*

COLLECTION ÉTRUSQUE.

Onze siècles avant l'ère chrétienne, les Etrusques et les Sicules furent chassés des bords du Pô, par une émigration d'hommes venus du Tolosa et du Nemausus. Les premiers se réfugièrent en Etrurie, qui prit d'eux son nom. Les derniers s'établirent en Sicile d'où dérive aussi le nom de cette île. *(Thierry, le Duc di Serra di Falco et nos Lettres sur Nimes et le Midi.)*

Les premiers exploits des Romains devaient tendre à soumettre les peuples qui étaient les plus voisins d'une ville destinée à devenir la maîtresse du monde, c'est ainsi que l'Etrurie fut envahie, mais pour me servir de l'expression d'un de nos compatriotes qui s'est toujours occupé des beaux arts, qui les aime et les protège, bien qu'il ne fasse pas partie de la Commission du Musée, « les Romains, dit-il, escamotèrent » l'Etrurie, leurs sciences, leur civilisation, » leurs connaissances, leurs vases et leurs statues, » sans en faire le moins du monde mention, de » telle sorte que nous ignorerions encore aujour- » d'hui jusqu'à quelle perfection ce peuple » portait le dessin et la sculpture, si leur talent » ne nous était révélé par les précieuses décou- » vertes faites à Naples, à Nolla, etc., où se » trouvent les Vases étrusques les plus rares et » de la plus belle fabrication. »

N° 221. *Vase Etrusque dit* à Palme.

Ce beau Vase, qui a 70 centimètres de haut, a des anses doubles de chaque côté; il est peint de trois couleurs; le sujet semble être le dieu Mars, dans un Temple; des génies placés sur les côtés tiennent en main des guirlandes. L'arabesque du col du vase est d'un effet admirable, et le génie ailé qui est au milieu de cet ornement est d'un dessin parfait.

N°s 222 et 223. Ces deux Vases, de forme alongée, sont coupés avec grâce; ils devaient être destinés à orner de fleurs la table du festin, ou l'autel de la divinité.

N° 224. *Idem.* Même destination, haut. 46. cent.

N°s 225 et 226. Ces deux Vases, à forme plus large, étaient consacrés au culte; ils étaient placés sur des colonnes, dans les Temples, comme des monuments votifs, hauteur 46. cent.

N°s 227 et 228. *Deux Vases, forme campane*, hauteur 28 centimètres.

Tous les Vases que nous venons de signaler, ont des figures représentant diverses scènes religieuses, pour la plupart des offrandes faites aux dieux; mais ce qu'il faut admirer, c'est la pureté du dessin et les lignes grecques des profils.

N° 229. La plus jolie Coupe Etrusque est indiquée sous ce numéro : elle peut donner une idée de la grâce que ce peuple savait donner à ses meubles.

N°s 230, 231, 232, 233, 234, 235, 236, 237, 238, 239, 240, 241, 242, 243 et 244. Par ces numéros, nous avons signalé des Vases moins importants

Ainsi, un Pot à eau, plusieurs Tasses avec anses, plusieurs Gobelets, des Plateaux ou Soucoupes, etc.

Extrait de la Gazette du Bas-Languedoc, *du* 31 *décembre* 1843.

—

» ARCHÉOLOGIE.

» Il y a peu de jours qu'un homme, qui ne manque pas d'instruction, demandait à M. Perrot si les anciens connaissaient l'art de faire de la poterie, et s'ils l'appliquaient à l'usage de la cuisine ?

» L'antiquaire Nimois aurait pu lui répondre, avec juste raison : Ce n'est pas ma faute si vous l'ignorez; car, le Musée que j'ai livré à la curiosité publique, réunit toutes les œuvres des siècles les plus reculés C'est à propos de cette question que nous passerons en revue les ustensiles précieux de cette riche collection.

» Les vases étrusques sont ceux qui, par leur haute antiquité, l'élégance de leur forme, la richesse des peintures et la perfection des dessins dont ils sont ornés, offrent un plus grand intérêt: cérémonies religieuses, sacrifices, offrandes, objets historiques; ici, c'est Oreste; là, Agamemnon, Achille, etc; tantôt, c'est un vase de trois pieds de haut, orné de belles anses, de la forme la plus gracieuse, qui était destiné aux sacrifices; tantôt, ce sont des urnes cinéraires qui servirent à renfermer les cendres de quelque héros, mort pour la défense de sa patrie. Là, ce sont des plats, des assiettes, des tasses avec leur soucoupes, des vastes plateaux pour servir des fruits sur une table somptueuse, etc.

» Dans un genre moins recherché, et moins riche, mais non moins curieux, sont cinquante vases en terre brute, mais qui se distinguent encore par l'élégance de leurs formes.

» Notre pays surtout paraissait avoir plusieurs fabriques de ces belles poteries en terre rouge, dont les jolis vases étaient faits au moule, car les dessins dont ils sont ornés sont en reliefs: des lièvres, des lapins, des cerfs, des chiens, des figures de dieux, des enfants qui luttent, et tout cela encadré d'ornements du meilleur goût. Plusieurs de ces vases servaient à la toilette et contenaient du fard La plupart portent les noms des fabricants: C. N HOCRO. — L. D. HOCRO. — V. C. MAN

» Nous n'aurions qu'à jeter un coup-d'œil sur les anciens monuments égyptiens, pour acquérir la preuve que, de tout temps, les hommes ont su apprécier les avantages que leur offraient les vases en terre par la facilité de les travailler. Nous voyons, en effet, dans le *Dictionnaire de Champollion*, page 34 : « Un ouvrier potier, mettant » son tour en mouvement avec le pied et façon- » nant un bloc d'argile ou terminant un vase, » exprime l'idée fabriquer, etc. » Et cette explication est à côté de la représentation d'un ouvrier ayant son tour devant lui.

» Mais ce qu'il y a d'admirable dans la collection que nous signalons, c'est la batterie de cuisine en bronze ; elle est composée de quarante-sept pièces, depuis les grandes jattes de deux pieds de diamètre, ayant des anses et posant sur des trépieds, les pots-à-eau, les cassolettes, les plats, les bouilloires, les vases de cuisine et de service, les passoires et jusqu'aux puisoirs pour l'huile, et tout cela, orné de manches ayant des figures, des masques, des cariatides, etc., d'un goût et d'un dessin admirables.

» Telle est la richesse d'une collection que M. le comte de Portalès dit être la plus considérable du royaume. »

COLLECTION MOYEN-AGE.

—

Nous venons de parcourir trois époques ou trois règnes. Sous les Egyptiens, les arts étaient à leur naissance. Quelques-unes de leurs figures ont cette simplicité et cette naïveté d'un art qui commence et qui n'a ni guide, ni modèle, d'un art qui cherche à tâton à se perfectionner.

Nous avons vu le règne des Etrusques et des Grecs, et les vases décrits sous les numéros 221 et suivants; le charmant buste grec, représentant Sapho, désigné par le n° 33, toutes ces choses nous ont prouvé que les arts étaient à cette époque à leur apogée.

La Collection d'objets romains nous a prouvé combien les maîtres du monde firent d'efforts pour atteindre la perfection dans la sculpture statuaire. Cependant, quoique les imitateurs des Grecs, et quoiqu'ils aient fait une infinité de chefs-d'œuvre, ils sont restés au-dessous de leurs maîtres.

Ce règne fut suivi de près de neuf siècles de barbarie, pendant lesquels de vains efforts furent tentés pour créer l'art, si je puis m'exprimer ainsi; car, ceux qui s'y livraient ne cherchaient point à imiter leurs prédécesseurs. Ils faisaient un art à eux, comme ils créaient des ordres d'architecture; et il faut l'avouer, nous devons à leurs efforts des églises et des monuments qui feront long-temps l'admiration des peuples.

Je n'ai pas assez d'habileté pour faire l'apologie des temples du onzième siècle, et de ceux qui le suivirent, et ce n'est pas de mon sujet. Mais je ferai observer que cette période fut suivie de celle que l'on est convenu d'appeler la renaissance ; et la fameuse collection de M. du Saumerar, a montré à l'Europe entière quelles belles choses a produit le génie des peuples de cette époque, éclairés des talents des Michel-Ange, des Raphaël, des Primatici, des Bérimini, des Célini, des Vérochio, etc., etc. ; tandis que le Roman, le Bizantin, le Gothique, se disputaient le Castel et l'Eglise, remplissaient les vides que laissent l'ogive ou la colonette par des figurines de saints mêlés aux dieux du paganisme et aux chimères.

L'imprimerie, alors récente, propageait la connaissance de l'Ecriture Sainte : les Loges de Raphaël, reproduites par de nombreuses gravures, lui donnèrent la vie. Les moines, dans leurs cellules, par des vignettes illuminées, en reproduisirent les sujets sur leurs heures manuscrites ; les sculpteurs en ornaient les stalles des chœurs des églises, les sièges des abbés, des évêques ; puis les portes (celle d'Aix), les fondeurs, les ciseleurs, les reproduisirent sur des portes en bronze pour les métropoles Florence, Pise, St-Pierre-de-Rome), sans compter tant d'autres ouvrages Les meubles sculptés furent une suite de ce goût dominant alors de faire des images de saints, de représenter leur vie soit en peinture, soit en sculpture. Les papes et les princes les plus puissants protégèrent les arts et ceux qui les professaient. L'exemple fut suivi de proche en proche. Les artistes passèrent successivement du palais et de la cathédrale, aux maisons religieuses, de là aux châteaux, aux manoirs et aux fermes.

Ils se multiplièrent tellement, qu'il n'y eut plus un menuisier qui ne fût sculpteur ; pas un serrurier qui ne sût ciseler une clef, une serrure; pas un marbrier qui ne fût capable d'exécuter l'ornementation d'un autel, d'un tombeau, etc.

Cette lutte d'émulation devait nécessairement avoir un résultat heureux pour la science; nos musées sont riches de chefs-d'œuvre de peinture et de sculpture, et parmi ceux que nous possédons, le groupe de Paul de Verochio, indiqué par le numéro 279, représentant la Vierge, l'Enfant Jésus et le petit Saint Jean, mérite une mention honorable, et doit être classé au rang des belles choses de cette époque

Tels sont les objets que nous devons admirer, et dont nous allons donner la description dans la dernière partie de cette Notice.

N° 260. *Corbeille de mariage.*

Cette corbeille de mariage ou caisse de noce, était destinée à renfermer les riches étoffes données à la mariée, celle-ci est surchargée d'ornements ; la forme est celle d'un tombeau monté sur des pieds de lion ; la sculpture représente d'un côté la foi, de l'autre la charité ; ce dernier groupe est admirable et les sujets sont exécutés sur les cartons de Michel-Ange ; au centre est un écusson, trois montagnes couronnées : ce sont les armes des Picolomini ; Pie II et Pie III étaient de cette famille.

N° 261. *Bijoutière.*

Ce meuble, que nous croyons avoir été destiné à renfermer des bijoux et peut-être des billets doux, a une infinité de tiroirs ; il est décoré de beaucoup de figures accouplées deux à deux, d'une manière un peu anacréontique, ce qui le rend très-curieux.

N° 262. *Autre Corbeille de mariage.*

N° 263. *Troisième Corbeille de mariage.*

Celle-ci porte pour écusson un griffon ailé, qu'on nous assure être les armoiries de Sixte-Quint : ainsi, ce meuble magnifique aurait été donné, par ce Pape si célèbre, à l'une de ses nièces.

Les figures et les ornements sont traités avec un art parfait et un relief étonnant.

N° 264. *Bijoutière.*

Ce meuble, semblable au n° 261, est décoré d'un grand nombre de figures de guerriers.

N°s 265, 266. *Bijoutières incrustées d'ivoire.*

Nos 267, 268. *Prie-Dieu.*

Ces deux meubles, que l'on trouve difficilement, sont très-curieux et offrent toutes les commodités d'une armoire; ils sont ornés de figures.

N° 269. *Commode.*

Ce grand meuble a une infinité de tiroirs qui peuvent contenir des choses très-volumineuses, car, ils ont près de cinq pieds de longueur sur deux de largeur; la sculpture en est hardie, et toute en relief de plus de quatre pouces; je ne connais pas en France de meuble de ce genre, ni aussi beau, ni aussi curieux.

N° 270. *Table.*

La poignée des tiroirs, faite comme celle de ceux de la commode, prouverait qu'elle a appartenu au même ameublement; je n'ai jamais vu une table semblable : il y a plus de vingt figures dans son décor.

N° 271. *Armoire.*

Cette belle pièce, que nous avo nsacheté depuis peu, au village de Marguerittes, porte un couronnement curieux où l'on remarque un aigle au-dessus; les deux côtés sont ornés de salamandres; les panneaux du meuble, qui est en deux corps, dont l'un fait retraite sur l'autre, sont ornés de divers sujets : Vénus et Cupidon, Junon, le Rhône et la Saône, etc.

Des figures cariatides ornent les montants, des têtes de béliers ornent les angles et font saillie sous la corniche du premier corps.

C'est le meuble de ce genre le plus gracieux que nous connaissions.

N° 272. *Armoire.*

Cette armoire est du même genre que le précédent, mais n'a pas de couronnement.

N° 273. *Armoire.*

La partie inférieure d'une armoire du genre ci-dessus, mais d'une sculpture bien supérieure, car, elle a non-seulement plus de relief, mais encore elle est d'une meilleure exécution.

VASES.

N° 274. *Vase ou Urne en agathe.*

Ce joli meuble, décoré de deux chimères dorées et d'une garniture en cuivre, monté de plusieurs lapis, est un vase d'ornement et non d'utilité, mais il est infiniment beau.

N° 275. *Vase d'Urbino*, hauteur 54 centimèt.

Ce beau vase, décoré de belles peintures des couleurs les plus éclatantes, est de la fabrique d'Urbino, qui fut dirigée, à ce que l'on croit, par Raphaël.

Le sujet est Esther devant Assuérus.

N° 276. *Vase de Faença*, hauteur 54 centimèt.

Cet autre vase représente une station du Christ qui tombe sous le poids de sa croix; les bourreaux le frappent à coups de bâton pour le forcer à se relever.

N° 277, 278. *Deux Urnes en albâtre herborisées*, hauteur 1 mètre, 10 centimètres.

Ces deux belles urnes ou vases, sont d'une coupe très-élégante; la bouche porte un masque que suivent des rinceaux en feuillages: un cheval ailé, dont le derrière se termine en une double queue de dragon tressée, forme l'anse.

Ce sont des copies des urnes de Florence.

N° 279. *GROUPE DE LA VIERGE*, par Paul de Verochio.

Après avoir donné le détail des quatorze meubles qui précèdent, et comme faisant suite à la sculpture sur bois, nous avons dû placer ici ce groupe, vrai chef-d'œuvre de cette époque.

La Vierge assise tient sur ses genoux Jésus debout, le petit Saint Jean, appuyé contre elle, semble écouter la Vierge en regardant son jeune compagnon.

Les figures, les mains, les draperies, tout est d'une exécution parfaite et du plus joli dessin.

Nous devons à M. le marquis Darbaud-Jouques la connaissance du nom du célèbre sculpteur qui a exécuté ce beau morceau, et dont plusieurs ouvrages, très-estimés, sont au Musée de Florence (1).

N° 280. *Deux Chandeliers en bois, sculptés avec ornements et oiseaux.*

N° 281. *Christ sur la Croix, sculpture en bois.*

N° 282. *La Vierge en ivoire.*

La figure en pied de la Vierge tenant l'Enfant Jésus dans ses bras, est placée sur un rocher où l'on voit dans une grotte, Saint Antoine tenté par un monstre.

N° 283. *Le Christ à la colonne.*

Ouvrage d'Albâtre, mais d'une faible exécution.

N° 284. *Statuette d'une femme.*

N° 285. *Statue en bronze florentin, Mars.*

N° 286. *Statue de Vénus.*

N° 287. *Tronc orné de bas-relief en cire.*

N° 288. *Pertuisanne, ciselée et ouvragée.*

N° 289. *Pertuisane avec la lance.*

---

(1) Voir la Planche.

N° 290. *Casque.*

N° 291. *Hache d'arme.*

N° 292. *Massue en fer ou casse-tête.*

N° 293. *Fiole émaillée en verre* dit *de Vénise.*

N°s 294, 295. *Deux Verres gravés par Benvenuto Célini.*

Voici l'article publié au sujet de ces verres:

Extrait de la Gazette du Bas-Languedoc, *du 3 décembre* 1843.

« ARCHÉOLOGIE.

» On nous communique les détails suivants :

» Benvenuto-Cellini a-t-il travaillé du verre ? Tout le monde sait que François Ier, enchanté de la beauté des ouvrages de cet artiste célèbre, qui se faisait remarquer autant par la finesse et le bon goût, que par la pureté du dessin, se l'attacha et l'amena à Paris, avec Le Primatici ; mais l'histoire de cet artiste ne dit pas qu'il ait gravé des cristaux.

» Deux archéologues distingués ont visité, il y a peu de jours, le Musée d'Antiquités de M. Perrot: en voyant les deux charmants verres gravés que cet antiquaire leur montrait, comme d'un artiste inconnu s'ils n'étaient de Cellini, ils s'empressèrent de lui répondre : « Nous venons » de visiter tous les Musées d'Europe . et nous » n'avons rien vu de semblable ; celui de Munich » possède un coffret orné de médaillons en cris- » tal , taillés et gravés par Benvenuto, les orne- » ments sont les mêmes comme accessoires que » ceux de vos deux vases, il y a identité dans la » touche ; or, comme l'origine de ce coffret est » incontestable, vous pouvez aussi donner vos » deux verres à cet artiste célèbre. »

» Le premier de ces deux vases semble être son essai, l'ornementation est large et bien dessinée ; les sujets sont : Vulcain, sur un char, traîné par des chiens ; ce dieu tient d'une main le marteau, de l'autre les foudres, auprès d'un premier trophée d'armes est un soldat la lance à la main et le casque en tête; près d'un second, un héro armé d'un glaive sonne de la trompette guerrière.

» Le second peut, à juste titre, être considéré comme un chef-d'œuvre. Nous allons passer en revue les divers sujets dont il est orné. Les principaux sont : la Justice, l'épée et la balance à la main ; la Victoire, tenant dans ses main une palme et une couronne de laurier, des poules, des coqs, des aigles, etc. Dans les quatre panneaux du haut sont représentés : 1° un cavalier au galop, puis un autre au pas ; 2° une bergerie, la bergère, les moutons, les chiens, la ferme, etc.; une chasse au cerf poursuivi par les chiens, le chasseur dirige vers lui l'arme meurtrière, au bas, dans deux écussons dépolis, sont représentées une chasse au tir et une chasse au courre; le piqueur, armé d'un bâton, sonne du cor, les chiens courrent et aboient après le lièvre. Partout des dessins et des arabesques d'une finesse admirable. »

N° 296. *Un Guillaume Hustache.*

Ouvrage en parchemin, orné de trente vignettes illuminées, heures à l'usage de Rome, de 1512.

N° 297. *Temple de Neptune à Pestum.*

N° 298. *Temple de Cérès à Pestum.*

N° 299. *Basilique de Pestum.*

N° 300. *Plan d'un théâtre à Pestum.*

Les trois premiers de ces modèles en liége ont été exécutés à Naples, et sont d'une grande fidélité ; ils représentent les restes d'une grande ville totalement ruinée, et dont il ne substiste qu'une trace de muraille flanquée de tours, qui ont, terme moyen, trois mètres de haut ; mais, où il n'y a plus une seule maison, excepté une auberge, une ferme, et la maison du gardien de ces édifices.

N° 301. *Plan du Temple de Jupiter Sérapis, à Pouzol.*

N° 302. *Table moderne*, représentant les monuments de Pise.

N° 303. *Modèle en relief de la Tour penchée de Pise.*

Modèle en relief du Pont-du-Gard.

Ce bel ouvrage qui est déposé dans notre Musée, est l'œuvre de M Tirondel, l'un de nos compatriotes, homme de talent, qui avait eu la patience d'exécuter, avec une précision admirable, tous les reliefs de nos monumens antiques.

Une partie de cette collection est à la Bibliothèque.

N° 304. *Deux Emeaux encadrés.*

Ils représentent Saint Ignace de Loyola et Saint François Xavier.

N° 305. *Huit Panneaux de meubles sculptés et ornés de sujets divers.*

N° 306. *Une Tenture en cuir.*

Cette tapisserie, qui a pu décorer un salon assez vaste, a les bordures gaufrées, et les fonds peints à grands personnages.

TOMBEAU CHRÉTIEN.

Un tombeau chrétien en marbre vient d'être trouvé dans une maison de notre ville, au coin de la rue des Tilleuls.

Ce monument rappelle ceux dont le Musée d'Arles est si riche ; il est orné de seize figures d'une exécution qui accuse toute la décadence de l'art : un cartouche sur lequel il n'y a pas d'inscription, prouverait qu'il n'a pas été employé. — Ce morceau a été déposé dans notre Musée, comme étant le cachet d'une époque de barbarie.

Le Musée Perrot est à vendre.

(Ecrire *franco.*)

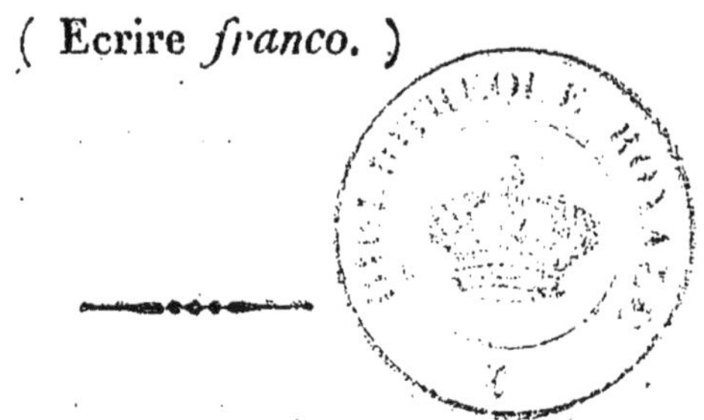

www.ingramcontent.com/pod-product-compliance
Ingram Content Group UK Ltd.
Pitfield, Milton Keynes, MK11 3LW, UK
UKHW020342230726
13925UKWH00003B/922